比較神話学

フリードリヒ・マックス・ミュラー
山田仁史＝訳
松村一男＝解説

角川文庫
24555

目次

凡　例

・本書の底本は『比較宗教学の誕生』（国書刊行会、二〇一四年）収載の「比較神話学」および「「比較神話学」解題」である。また同書の松村一男『比較宗教学の誕生』解説」を大幅に加筆・修正した「解説」も収録した。
・原書の註は、底本と同様「比較神話学」末尾にまとめて収録した。
・訳者による註は、底本ではすべて本文中の〔　〕内にあったが、文庫化に際し、本文の中にあるべき一部の註を除いて、傍註とした。なお、註の収録にあたっては、底本執筆時の原稿も参照し、より詳細なものとした。
・ギリシア語、ラテン語の長音の表示は原則として省略した。
・本文には「アフリカやアメリカの最下級の部族たち」といった、現代の社会常識からみて不適切な表現もあるが、当時の時代状況と著者の記述を正確に伝えるためにも、底本のままとした。

＊＊

底本の『比較宗教学の誕生』は、南山宗教文化研究所の助成によって刊行された。

比較神話学

普遍史の一部としての神話学

パイドロス　あの、とても背の高いプラタナスの樹が見えますか？
ソクラテス　うむ、見えるとも。
パイドロス　あそこには日蔭もあり、風も強すぎず、草が生えていて坐ることもできるし、あるいは何でしたら、寝ころぶこともできます。
ソクラテス　では、連れて行ってくれたまえ！
パイドロス　おしえてください、ソクラテス。ボレアス[1]がオレイテュイアをイリッソス川からさらって行ったと言い伝えられているのは、どこかこのあたりで起こったことではないでしょうか？
ソクラテス　そう、たしかにそういう言い伝えがあるね。
パイドロス　それは、この場所からではありませんか？　なぜって、この水の流れたるや、かくも物優しく清らかで澄み透っていて、あたかもこの土手で乙女たちがたわむれるために、造られたかのように見えるではありませんか。
ソクラテス　いやちがう。それは二スタディオン[2]か三スタディオンばかり下流のほう、アグラ[3]の社のほうに渡るところだ。その場所のどこかには、ボレアスをまつる祭壇があるのだ。

パイドロス　それは全然気がつきませんでした。ところで、ゼウスに誓って打ち明けてください、ソクラテス。あなたはこの神話《ミス》を事実だと信じていらっしゃいますか？

ソクラテス　そうだな、もしぼくが賢い人たちがしているように[4]、そんな伝説は信じないと言えば、さほどおかしなことにはならないだろうね。そして巧妙な理論をうちたてつつ、「彼女オレイテュイアが友だちのパルマケイア[5]といっしょに

1　北風の神。エレクテウス（伝説上のアテナイの王）の娘オレイテュイアをトラキアの地へさらって行ってめとり、二人の間にゼテスとカライス（息子）、クレオパトラとキオネ（娘）らの子が生まれた。

2　長さの単位で、アテナイでは一スタディオンは一八四・九六メートル。

3　アッティカ州の区名で、イリッソス川の向こう側に当たる。パウサニアスの『ギリシア案内記』第一巻（一九の五）によると、女神アルテミスがデロス島からやって来て最初に狩をしたゆかりの土地で、アグライア（またはアグロテラ＝「野山にかかわる」「狩の女神」の意）・アルテミスをまつる社があったと言われている。

遊んでいたとき、ボレアスという名の北風が吹いて、彼女を近くの岩からつき落としたのである。彼女はこのようにして死んだために、彼女がそこからボレアスによりさらわれて行ったと伝えられたのである」とでも言えばよいわけだ。あるいは、アレスの丘[6]からつき落とした、と言ってもいい。なぜなら、そういう物語もあって、このイリッソス川からではなく、アレスの丘からさらわれたとも言われているのだから。

しかし、パイドロス、ぼくの考えを言うと、こういった説明の仕方は全体的に、たしかに面白いにはちがいないだろうけれど、ただ、よほど才知にたけて労をいとわぬ人でなければやれないことだし、それに、こんなことをする人は結局、あまり幸せでもないと思うよ。もしこの伝説の誤解を正したことで羨まれたとしても、その人は次にヒッポケンタウロス[7]の姿について同じことをしなければならないし、さらにお次はキマイラ[8]の姿を、ということになる。さらにはまた、似たような者たちの群、つまりゴルゴン[9]やペガソス[10]たち、そしてまだほかにも説明の見込みのない者たち、妖怪めいたやからどもの馬鹿げたお話が、大挙して押しよせてくるのだ。もし誰かがこれらの怪物たちのことをそのまま信じないで、その一つ一つをもっともらしい理屈に合うように、粗野な種類の哲学でもって扱おうとしてみたまえ。さぞかしその人は、たくさんの暇を必要とすることだろう。だが少なくともこのぼくには、とてもそんなことに使う暇はないのだよ。なぜかというと、君、それはこういうわけなのだ。ぼくは、あのデルポイの社の銘が

4　このころ、一般の風潮として、ソクラテスが次にやってみせているような、神話をそのまま信じず、その寓意をさぐるということがはやっていた。アナクサゴラス、メトロドロス、デモクリトスといった人々は、いずれもホメロスの物語をそのようなやり方で再解釈したと言われる。

5　もとは泉の名称、のち泉のニンフの名前となった。

6　アテナイのアクロポリスの西側にあった。

7　上半身は人間、下半身は馬の姿をした怪物。

8　頭は獅子、胴は山羊、尾は蛇で、火を吐く怪獣。後に出てくるテュポンとエキドナの子と言われる。

9　髪は蛇、歯は猪の牙、手は青銅、全身は鱗で覆われ、巨大な黄金の翼をもつ三姉妹で、末妹がメドゥーサ。

10　翼をもつ天馬。ゼウスの雷を運ぶ。メドゥーサがペルセウスに殺されたとき、その血の中から生まれた。ベレロポンテスの愛馬として、彼がキマイラやアマゾンと戦ったとき、彼を乗せて力となった。

命じている、われみずからを知るということがいまだにできないでいる。それならば、この事柄についてまだ無知でありながら、自分に関係のないさまざまのことにかかずらうのは笑止千万ではないかと、こうぼくには思われるのだ。だからこそぼくは、そうしたことを放っておき、それらについては他の人々の信ずるところをそのまま信じることにして、いま言ったように、そういう事柄にではなく、ぼく自身に対して考察を向けるのだ。はたして自分は、テュポン[11]よりもさらに複雑怪奇でさらに傲慢狂暴な一匹のけだものなのか、それとも、もっと穏和で単純な生きものであって、恩寵と中庸の運命を生来享受することになっているのか、とね。ところで君、話の途中だが、君がぼくたちを連れてこようとしていたのは、この樹ではなかったかしら？

パイドロス　そう、これがまさしくその樹です。[12]

プラトンの『パイドロス』序論から採ったこの一節は、ギリシア人中最大の賢者が、当時の合理主義者たちについてどう考えていたかを示すため、しばしば引用されてきた。当時アテナイには、どの時代にもどの国にもいたように、奇蹟的なものや超自然的なものへの感覚を持たず、自らに信じ込ませられないものを否定し去る勇気も持たない者たちがいた。そのため彼らは、口碑に伝えられ、宗教儀式により崇められ、法的権威により公認されてきた聖なる伝説が、理性の命ずるところや自然の法則と調和されるような、何らかのもっともらしい説明を見出そうと努めたのである。ソクラテス自身は異端の罪に問われたけれども、こうした思弁家を高く評価していたわけではない。彼はこうした説明を、ギリシア神話中の最も信じがたい馬鹿馬鹿しさよりもなお信じがたく、馬鹿馬鹿しいと考えていた。否、彼の人生のある時期においては、こうした試みを瀆神《とくしん》ととらえていた。そのことは、右記およびその他のプラトンやクセノポン[13]の書いたくだりから、明らかである。

しかし、グロート氏[14]はその古典的著作『ギリシア史』において、右記および類似したくだりを引用して、いわばソクラテス自身も現代の歴史家や批評家と同列であることを示そうとしている。そして氏は、ソクラテスをギリシア世界の神話中に「想定さ

11　百の竜の頭をもち、腿までは人、腿から下は毒蛇という巨大な怪物。
12　プラトン『パイドロス』二二九A―二三〇B。
13　前四三〇頃―前三五五以降、ギリシアの歴史家。
14　一七九四―一八七一、英国の歴史家。

れた真実の根拠を探し求めることの無益さ」の証人としようと努めている。この場合、氏はこの古代の哲人が実際に語った以上のことを語らせようとしているのである。ギリシア人その他の古代民族の神話を考察する際、我々の目的はソクラテスのそれとは大いに違っており、彼が合理主義的な同時代人に向けた非難は、我々に当てはまるとは言えない。否、我々の視点からは、彼ら同時代人のなした探究こそは、ソクラテスが哲学で唯一価値ある目的として解決しようと考えた、当の問題の一部をなすものなのだ。

今日、ギリシア神話の起源問題を問わせるのは何なのか？　どうして人々は古代史を研究し、消滅した言語の知識を獲得し、不可解な碑文を解読しているのか？　彼らがギリシア・ローマの文学のみならず、古代インドやペルシア、エジプトやバビロニアの文学にまで関心を寄せているのは何のためか？　野蛮な部族の子供じみた、しばしば嫌悪感を催させる伝説が、彼らの注意をくぎづけにし、思念を惹きつけているのはなぜなのか？　トゥキュディデス[15]より『タイムズ』紙の方に、より多くの見識が書かれていると、人は告げられてきたのではなかったか？　ウォルター・スコット[16]の小説の方が、アポロドロス[17]より面白いではないか？　またベーコン[18]の著作の方が、プラーナ文献[19]の宇宙論より多くのことを教えてくれるではないか？　では何が、古代の研究に生命を与えているのだろうか？　これほど多忙な時代のただ中にありつつ、デルポイの神託に従って、人間とは何であるかを知るには、人間とは何であったかを知らねばならぬ、という確信からでなくして、見たところこれほど魅力を欠く、役に立たない学問に、その余暇を犠牲にしようと人々を駆り立てるものは、何なのだろうか？これはソクラテスの精神にとっても、またコロンブス、レオナルド・ダ・ヴィンチ、コペルニクス、ケプラー、ベーコン、ガリレオなどのように近代ヨーロッパの知的生活を刷新し、活気づけた人々の帰納的哲学のいかなる原則にとっても、馴染みのなかった考え方である。仮にソクラテスに対し、哲学の主要目的は人が自分自身を知ることであると認めたとしても、そうした叡知に到達するための彼の方法が、これほど高い目標にとって妥当であったとは、見なすべきでない。ソクラテスの考えでは、人間

15　前四六〇頃—前四〇〇頃、ギリシアの歴史家。
16　一七七一—一八三二、スコットランドの小説家・詩人。
17　前一八〇頃—？、『ギリシア神話（ビブリオテケ）』の作者とされてきた学者。
18　一五六一—一六二六、英国の哲学者。
19　ヒンドゥー教の聖典群の総称。原義は古譚、古伝説。

とはすぐれて個なるもので、人間霊魂それ自体であった。彼は、無限の多様性をもつ人間霊魂の内に、また人間霊魂を通して、実現される力、すなわち彼ならイデアと呼んだろうものの唯一の顕現として、人間というものを考えはしない。彼は常に、彼自身の心を熟考し、魂の霊妙なはたらきを観察し、知恵を司る器官を分析し、それら固有の限界を決定しようと試みることで、人間本性の奥義を解こうとする。こうして彼の哲学の最終結論は、彼は一事しか知らず、それは、彼が何事も知らないということであった。

今日では、人間とはもはや孤立し、それ自身で完成され、自足した存在ではない。人間とは、同胞中の一人であり、ある階級、ある種族、ある血族の一員であり、それゆえその同類たちを参照することによってのみ理解できるのである。古代人に地球という概念が理解不能であったのは、それが宇宙全体の中で同等物を持たない、孤立したものと見られていたからだ。しかし地球は、すべて同一の法則に支配され、すべて同一の中心をめぐる多くの惑星の一つとして人間の眼前に現れてくるやいなや、新たに真の意義を呈することとなった。これは人間霊魂についても同様である。その本性が我々の心にきわめて異なった光彩を帯びて見えるのは、人が自分自身を一大家族の一員として、つまりすべて同一の法則に支配され、すべて同一の中心をめぐり、すべて同一の源から光を得ている、幾万もの惑星の一つとして、知覚するよう教わったからである。世界史、すなわちいわゆる「普遍史」は新たな思考法を発見し、ソクラテスやプラトンやアリストテレスが口に出すことのなかった「人類」という単語により、言語を豊かなものとした。ギリシア人が野蛮人と見たものを我々は同胞と見なし、ギリシア人が英雄や半神と見たものを我々は父祖と見、ギリシア人が諸民族と見なしたものを、我々は人類と見なす。海洋に隔てられ、言語により分かたれ、民族間の敵意により断たれつつも、神の支配のもとで常に艱難辛苦している人類と見なす。それは、世界が創造された目的、神の像《かたち》に似せて人間がその世界に置かれた深遠な目的を達成するための辛苦である。

したがって歴史とは、塵に汚れ朽ち破れた頁も含めて、大自然の記録と同様、神聖なる書物なのだ。歴史にも大自然にも、我々は神の叡慮と理法の反映を読み取るか、ないしは読み取ろうと努める。大自然の内に、悪魔のはたらきや悪因の顕現がもはや認められないのと同じく、歴史とは偶然が原子のように集合体をなしたものであるとか、物言わない運命により専制的支配を受けたものであるといった考えは否認される。歴史と自然には何ら非合理なものはなく、人間精神は両者の内に神の力の顕現を読みとり、崇めるがためにこそ必要なのである。よって、最古代の断片的な伝承の頁は貴重、否、おそらくはより大部な近代の章よりさらに貴重なのだ。これらかけ離れた時代、かけ離れた人々の歴史は、見た目には我ら近代人の興味に馴染まないかもしれない。しかし、それは我ら人種の、我ら家族の、否、我ら自身の歴史を語ってくれるのだと知るやいなや、新たな魅力を帯びてくる。

時に、長年開けてこなかった机を開け、長年読むこともなかった手紙に目を通すとき、人はしばしの間、冷たい無関心とともに読み進める。たとえそれが自分自身の書いたものであっても、かつて自分の心に親しかった名前と出会っても、それらの手紙を自分が書き、そこにある煩悶を自分が感じ、書かれた歓びを自分も分かち合ったとは、にわかには信じられない。しかしやがて過去が近づいて来、我々も過去へ近づいて行くと、心はぬくもり、そしてまたかつての感覚を感じるようになると、それらの手紙は自分の手紙だと理解するのである。古代史の読解もこれと同じである。初めは何か奇妙で、馴染みのうすいものに見える。しかし、より熱意をもって読むにつれ、思考はより没入し、感覚はよりあたたかなものとなる。そしてこれら古代人の歴史は、いわば我々自身の歴史となる。彼らの苦しみは我々の苦しみに、彼らの歓びは我々の歓びになるのだ。この共感なくしては、歴史など死文にすぎず、いっそ焼かれて忘れられた方がよい。けれども、ひとたびこの感情によって生命を吹き込まれるなら、それは好古家だけでなく、誰もの心に訴えかけるようになるのである。

人類の始原状態

我々は今、すでに何幕も演じられてきた舞台上に立ち、突然自分自身の役を演じるよう呼ばれたところだ。当然、我々は過去に閉幕した場面を振り返ろうとする。それは、人類の演劇全体を貫く一つの叡慮が存在するはずだと信ずるからだ。歴史が登場するのはまさにここにおいてであり、それは、現在を過去とつなぐ糸を与えてくれる。たしかに多くの場面は、復原の希望の彼方に失われてしまった。そして最も興味深い部分、すなわち人類の幼年期の開幕場面は、小さな断片によって知られているのみなのだ。しかしまさしくこの理由により、こうした古代の遺物を発見した好古家は、熱狂してそれを握りしめる。それはあたかも、自作の主人公がまだ子供時代、自分自身で、まだ人生の陰影に曇らされる以前に書いた紙切れを、思いがけず見つけた伝記作家のような熱狂である。どんな言語で記されていようと、人類幼少期の刻印をもった一字一句が歓迎される。博物館には、我らが主人公の少年時代における粗野な玩具が収集され、それらの壮大な特徴に、かつて反映されていた心のはたらきを我々は推し測ろうとする。多くのものが未解読であり、古代象形文字の言語は、そうした心の無意識の動きの半分も記録していない。しかし、どの地域で出会うものであれ、人間のイメージは、原初から高貴かつ純粋なものとして、ますます明らかになってきている。彼らの過誤さえ理解され始め、彼らの夢さえ解釈され始めている。人間の足跡を辿れる限りにおいては、歴史の最下層においてさえ、健全で沈着な知性という天賦の才能が、人間に属していたことがわかる。こうして、野獣性の底辺からしだいに人間性が現れるに至ったという見解は、もはや支持できない。人間精神によって作り出された最初の作品、どんな文書記録よりも古く、伝承の最初のささやきにすら先んじる作品、すなわち人間の言語は、歴史の黎明から現代にいたるまで、途切れることのない鎖をなしている。我々は、人類の最初の祖先たちの言語をいまだに話している。そしてこの言語こそ、そのすばらしい構造によって、かくも不信心な冒瀆に反証しているのである。

神話制作時代

言語の形成、すなわち語根が組み合わされ、しだいに語義が区別されてゆき、文法形態の体系的完成へといたる、いまだ我々自身の発話の表面下に見ることのできる、このはたらきすべてが、そもそもの初めから合理的思考が存在していたこと、少なくともその作品に見合うだけの芸術家が存在したことを、証している。この時期、最も必要な観念をあらわす表現、すなわち代名詞、前置詞、数詞、および最も単純な生活に足る日常語が作り出された。それは放埒で単純な膠着的文法、[21]つまりいまだ個別的・民族的特徴の刻印を受けてはいないが、全トゥーラーン諸語[22]とともに、アーリアやセムの言語形態の萌芽をも含むような文法の、端緒と見なさねばならない時期である。この時期が人類史における最初のもの、少なくとも好古家や哲学者の炯眼《けいがん》が届く最初の時期であり、「言語形成時代」と称する。

20　野獣性の底辺からしだいに人間性が現れるに至ったという見解。

21　語幹にそれぞれが一つの文法的意味をもつ接辞を接合させることにより、意味関係を明らかにする文法。ウラル諸語、アルタイ諸語など、すなわちここでミュラーがトゥーラーン諸語と総称している諸言語にこのような文法的特徴がみられる。

22　ウラル諸語・アルタイ諸語を中心とした中央・北アジアの言語を比較言語学的に分類するため提唱された枠組みだが、現在では用いられない。なおトゥーラーンとは、中央アジア、カスピ海東部の低地を意味する。

これに続く第二期、少なくとも二つの語族が単に膠着的ないし遊動的な文法段階を脱し、成語体系の特異な刻印を受けて、今にいたっている。この体系は、セム諸語・アーリア諸語の名に包括されるすべての方言や土語に今なお見ることができる。しかしトゥーラーン諸語はこれらと違い、ずっと後の時代まで、またいくつかの例では今日でも、口碑や隠喩をなす文法体系を不可能なものにするか、少なくともその程度を著しく制限することとなった、あの膠着的な模写構造を維持しつづけている。このため、中国からピレネー山脈まで、コモリン岬[23]からコーカサスを経てラップランドまで散在している遊動的なトゥーラーン諸語には、一方ではテュートン語派・ケルト語派・ヴィンディック語派[24]・イタリック語派・ヘレニック語派・イラン語派・インド語派などとして[25]、他方ではアラビア語派・アラム語派・ヘブライ語派などとして[26]扱われる、あの語族伝統をなす類似性を、見出せないのである。今挙げたのは特定の両語群におけるいくつかの語派にすぎない。しかし、これら両語群では非常な早期に、誰か特定個人の影響はさておき、政治的な影響が明らかにはたらいて、文法上浮遊した要素が補足され、単なる膠着的性格ではなく、結合的性格を持つようになった。この第二期は「諸語形成時代」と呼ばれる。

さて、これら二つの時代の後、ただしまだ民族文学の最初の痕跡が現れる以前に、どこでも同じ顕著な特徴により代表される一時期があらわれる。これは一種新たな夜明けの時代であり、ふつう「神話時代」または「神話制作時代」と呼ばれる。これは人類の精神史において、ことによると最も理解しがたく、人間の知性が不断に進歩してきたという我々の信念を、おそらく最も動揺させることとなる一時代である。言語の起源についてや、文法の漸次的形成について、また言語・方言が分化せざるをえなかったことについては、ある程度はっきりと想像できる。さらにまた、早期における中央集権化、律法や慣習の成立、宗教や詩文の始まりについても理解しうる。しかしこれら二つの時代にはさまれて、いかなる哲学をもってしても架橋不可能と思われる懸隔が存在するのだ。「神話時代」と呼ぶのはこれである。

23　インド最南端の岬。
24　スロヴェニア語派の旧称。
25　以上アーリア諸語。
26　以上セム諸語。

ギリシア神話が与える嫌悪感

人は習慣的に、次のように信じがちだ。すなわちギリシア人たちはたとえばホメロスの詩に代表されるように諸芸にはるかに秀で、メネラオスやアルキノオス[27]の宮殿に見るように生活の洗練と快適化をなし遂げ、公的集会で精巧な弁論が交わされ、ネストル[28]のように老成された智慧をもってオデュッセウスのような巧妙な事業を行ない、ヘレネ[29]の気高さとナウシカア[30]の愛らしさを兼備していた。そして彼ら以前にいた人種こそが、神々その他の漠然たる者たちについて馬鹿げた物語を作り出しては面白がっていたのであり、実に歴史家にとっては、ビットとパイニス[31]の墓にあるものと同程度の碑銘しか、その墓石に刻むことのできないような人種だったのだと。

なるほど、後世の詩人はこれら伝説のいくつかに優美という魅力を与え、それらは想像上の作品として受容されたかもしれない。しかしそれら自体、文字通りの意味において、こうした古代の神話群が馬鹿げており非合理で、伝統的な歴史のあけぼのに出現したばかりのギリシア人を導いていた思考・宗教・道徳の原則にしばしば対立するという事実は、覆い隠しようもない。それでは誰によって、これらの物語、しかも直ちに言わねばならないことに、その形式と性格において、インド、ペルシア、ギリシア、イタリア、スラヴ、テュートンの、どの地で見出されようと同様である物語は、

27 前者はスパルタ王で、アガメムノンの弟にしてヘレネの夫。後者はパイアケス人の王でナウシカアおよびラオダマスの父。両者の宮殿の宏壮なさまは、『オデュッセイア』第四歌・第七歌に描かれている。
28 ピュロスの王でトロイア戦争におけるギリシア軍の賢明な最長老。
29 ゼウスとレダの間に生まれた美女で、メネラオスの妻。トロイアのパリスによって誘拐されたのがもとでトロイア戦争が起こった。
30 アルキノオス王の娘。難船したオデュッセウスを発見して父の宮殿に案内した。『オデュッセイア』第六歌によれば、若々しい美貌をそなえていた。
31 ともにエーゲ海コース島出身の女性で、キオス島（エーゲ海にあるトルコ西海岸に近いギリシアの島）で発見された紀元前一〇〇年頃の彼女らの墓碑銘には、次のように記されている（芳賀京子先生のご教示を得た）。

　ビットとパイニス、在りし日は雇われ女にして
　貧しき老女、我らはここに共に横たわれり。
　いずれもコースの出にして一流の家柄。おお甘美なる夜明けよ、
　灯明のもと、我らは半神たちの物語を楽しみおれり。

創り出されたのだろうか？　人間精神が通過せねばならなかった一時的な狂気の時代が存在したというのか？　そしてその狂気たるや、インドの南端でもアイスランドの北端でもまったく同じものだったというのか？　思想の揺籃期において、タレスやヘラクレイトス、ピュタゴラスのような偉人を輩出した民族が、これら賢哲のたった数世紀前には、無駄話好きな者たちばかりだったとは、信じがたい。仮に、今日の意味における宗教に関する部分の神話や、哲学の至上命題、つまり創造や人と神の関係、生と死、美徳と悪徳などにかかわるような神話、すなわち一般に最も新しい時代に創られた神話だけを採り上げてみたとしよう。しかしこの小部分すら、いくらか冷静な観念や、いくらか純粋で崇高な概念を含むように思われるとはいえ、ホメロスのような詩人たちやイオニアの哲人たちの祖先には、ふさわしくないと感じられる。

豚飼のエウマイオスが、おそらくオリュムポス神話の複雑な体系を知らずに神について語るとき、彼は現代人のような口調で言う。オデュッセウスに向かい、「どうぞ、ここにあるものを、楽しく食べてもらいたい。神様というものは、気の向くままに、あるものは下さるかと思えば、下さらぬものもある。何せ神様は、なんでもできるお方だからな〈原註1〉」と彼は言うのだ。これはホメロスの時代における庶民の言葉と推察されるが、ギリシア神話で最も壮大とされてきた構想の一つと比べるなら、いかにも簡潔で、崇高である。その構想とはすなわち、ゼウスがその全能を主張しようとして神々に対し、彼らが縄をつかみ、男神も女神も全員がその一端を引っ張ったとしても、彼ゼウスを天から地上へ引き下ろすことはできず、他方もし彼がその気になれば、神々全員を引き上げ、大地と海とをオリュムポスの山頂から宙づりにできるのだ、と告げた言葉である[32]。デウカリオンとピュラが石を背後へ投げて人類を創造したという神話的説明（これは単に人民《ラオス》と岩石《ラアス》の語呂合せに由来する神話だ）以上に荒唐無稽なものはなかろうと思われる。一方、非キリスト教徒の間にあって、「人は死すべき神であり、神は不死なる人である」というヘラクレイトスの言[33]以上に神と人の関係についての深い考えは、とうてい期待できない。

リュクルゴスやソロンのような立法者を輩出し、アレオパゴス会議やオリュムピア競技を創設した時代について考えてみよう。そのほんの数世代前、ギリシア人における最上の神観念が、クロノスによりウラノスが去勢され、そのクロノスは子供たちを食い、石を呑みこみ、子供ら全員を生きたまま吐き出したという物語によって表現さ

32　『イリアス』第八歌一―二七行。
33　ルキアノス『命の競売』一四にヘラクレイトスの言葉として見える。

れ尽くしていたなどと、誰が想像できるだろうか。アフリカやアメリカの最下級の部族たちにおいてさえ、これほど忌まわしく、ぞっとするようなものは見出されない。グロート氏のように、この神話は「決して現前することのなかった過去」にすぎない、と言うなら、それは直面している困難に対し、目をつぶってしまうことである。

他方、これら非キリスト教世界の伝説は、かつては全人類に与えられていた神の啓示が堕落し誤解された断片なのだ、と見る者もいる。これは実にしばしばキリスト教神学者により唱道された見方であるが、それは瀆神行為と思われる。これらの神話は、歴史上特定の時代に、人間によって作られたものである。これらの神話を生み出した一時代が、たしかに存在したのだ。人類がしだいに異なる語族へと分化していった諸語形成時代から、民族性を帯びた言語や文学の最初期の痕跡をインド、ペルシア、ギリシア、イタリア、ドイツで呈している民族形成時代へいたる途上に。事実はこの通りなので、それを説明するか、でなければ人間精神の漸次的成長の内に、何らかの劇的な革命が起きたことを認めなければならない。あたかも地球の形成過程におけるのと同じく、歴史の表層下で、何らかの知られざる原因から引き起こされ、ちょうど噴火や地震のように、思想の初期層における均整を打ち破り、人間精神を震撼させたような革命が。

神話制作時代の歴史的特徴

けれども、こんなに劇的かつ不快な理論の採用を強いられることなく、もっと理解に耐える仕方で神話の創出を説明できるとすれば、得るところが大きいだろう。神話が後世にも普及し存続したのは、多くの点で奇妙ではあるが、しかしずっと複雑性の少ない問題である。人間精神には、生まれながらにして過去への畏敬が具わっており、また人間の宗教的敬虔さ《パイアティ》は、子の親に対する孝心《パイアティ》と同じ、自然な水源から流れ出している。過ぎた時代の伝承が奇妙で野卑で、時に不道徳ないし不可能に見えたとしても、各世代はそれらを受け入れ、再び堪えうる形に作り直し、さらには真の深い意味を明らかにさえしてきたのである。インド出身者の多くは、たとえヨーロッパの科学に精通し、純粋な自然神学[34]の原理を吹き込まれていようと、ヴィシュヌやシヴァの神像に

34　啓示哲学に対置される。人間は自分のもっている理性で、自然現象その他に基づく神学・宗教を造りうるとする神学思想。自然科学の興隆とともに、従来の神学理論の不合理性が鋭く指摘されるようになって、これに代わるものとしてあらわれた（十七―十八世紀）。

頭《こうべ》を垂れ、拝んでいる。彼らはこれらの神像が単なる石に過ぎないことを知っているし、彼らが聖典と呼ぶものにより、これらの神々に帰属させられている猥雑性[35]に対し、嫌悪感を公言している。けれど誠実なバラモンたちもいて、これらの物語にはより深い意味があると主張してはばからない。不道徳は神聖さと両立しないものではなく、この神秘こそがこれら由緒ある諸伝説に隠されていると考えねばならず、その神秘には探究心と信仰心を兼備した精神こそが到達を望みうるというのである。否、キリスト教の宣教が成功し、キリスト教の信仰の純粋さが現地人の心をつかんで、プラーナ文献の突飛な馬鹿らしさを支持しなくなった場合でさえ、現地人の幼少期の信仰はなおも消えずに残り、時として不用意な表現中に吐露されてしまうこともある。それはちょうど、古代神話のいくつかがローマ教会の伝説中にまぎれこんでしまったのと、よく似ている〈原註2〉。

古代史の中にはしばしば、ギリシア人自身が、神々について語られる物語に衝撃を受けたことを示す記述が見出される。けれど現代においてさえ、たいていの人の信仰は神や真実への信仰ではなく、誰か他人の信仰への信仰にすぎないのだから、ソクラテスほどの人でも彼らの父祖が信じてきたものへの信仰をにわかに放棄できなかった事情は、理解してよい。彼らの神観念がより純粋になるにつれて、彼らはまた神的存在の理念にともなう完全無欠という理念が、不道徳な神々をありえないものとするように感じるようにもなった。オトフリート・ミュラー[36]〈原註3〉が指摘したように、ピンダロス[37]は、多くの神話を改変している。それは、神々や英雄たちの尊厳について自分が抱く、より純粋な観念に合わないという理由から、さらに彼の考えによればそれらは誤りに違いないという理由からであった。プラトン〈原註4〉もエロスについてのさまざまな伝承を吟味するにあたって、同様の精神で議論している。『饗宴』においては、自分自身の抱くこの神の本性についての考えと最もよく当てはまるエロス神話を、それぞれの語り手が唯一正しい神話だと主張している。すなわちパイドロスはエロスを最古の神だと言い、アガトンは最年少の神と言うのだ〈原註5〉。しかしどちらの主張も、古代神話の権威に訴えることでなされている。

このように、自然的宗教《ナチュラル・レリジョン》[38]が示す明白さで、至高神の全能と遍在を考えていた者たち

---

35 たとえば、ブラフマー（ヒンドゥー教の創造神、梵天）がヴィシュヌのへそに由来することや、シヴァの性生活などを指すと思われる。

36 一七九七―一八四〇、ドイツの古文献学者。

37 前五一八頃―前四三八頃、ギリシアの抒情詩人。

は、彼の姦通や父への反逆[39]を忘れて、なおもこの至高神をゼウスと呼んだのである。

ゼウスは初めにおり、ゼウスは半ばにおり、ゼウスから万物が作られた。

とはオルペウス教[40]の詩行だが、グロート氏が推測するようにプラトンがそれに言及したのだとすれば、古いものである〈原註6〉。胸中に真の祈りの感情を抱き、神の助力と加護を切望した詩人たちも、あるときはゼウス自身もティタン神族に敗れてヘルメスに救出されたこと〈原註7〉を忘れ、なおもゼウスについて語った。アイスキュロスは言う。「ゼウスが何者にましまそうとも、こうお呼び申し上げるのを嘉《よみ》したまえば、この御名において祈り上げましょう。ゼウス神の他あらゆるものを量りくらべても、この胸中からいたずらなわずらいを本当に棄て去れようものか、見当もつかぬ私ゆえに[41]〈原註8〉」。

否、これら神話上の名前が保存され、これらの伝説が長生きし、それらが後の世代の宗教的・文学的・道徳的欲求を満足させてきたのは、奇妙だし教訓的でもあるけれど、そんなに理解しがたいことではない。過去というものには魅力があるし、伝承は言語という強力な友を持つ。我々はいまだに、太陽が昇るとか沈むとか言うし、虹のことを雨弓《レインボウ》、雷のことをトール神の矢《サンダーボルト》と言っているが、それは言語がこうした表現を拘束してきたからだ。我々はそれらの中身を信じているわけではないが、これらの表現を用いている。真の困難は、人間精神が最初どのようにしてこうした想像に導かれたか、どのようにして名前やお話が生じたかである。この問題に答えが与えられなければ、人間の知性はあらゆる時代、あらゆる地方にわたって、不断に規則正しく進歩してきたのだという信念は、誤った理論として放棄されなければならない。

38　いわゆる啓示に依らず、人間自然の思惟に基づいて理神論的・哲学的な絶対者・全能者としての神を想定する思想ないし宗教を、ここでは自然的宗教としている。
39　ゼウスにはヘラという正妻がいたが、多くの女神や人間の女性たちを誘惑し、数えきれないほどの子をもうけている。また父クロノスを縛って大地のさいはての島へ流した。
40　古代ギリシアの密儀宗教で、諸神賛歌の詩文などが残されている。
41　アイスキュロス『アガメムノン』一六〇—一六六行。

とはいえ、未分化だったアーリア諸族が——いま話題にしているのは主に彼らである——神話を作り上げたこの時代について、何も知られていないわけではない。たとえ、ギリシア人の治史・文学史の当初から彼らの精神を覆っていた深い影だけを目にしているのだとしても、そこから、ギリシア民族文学の最初の夜明けに先行したに違いないその時代について、何らかの具体的特徴が推測できるはずだ。オトフリート・ミュラーは、比較言語学がこの原初的アーリア時代に投げかけた新たな光には接していなかったが、「あらゆる事物を人間へ、あらゆる関係を行為へ変えてしまう神話的表現形式とはきわめて特異なものであり、その発達に対し我々は一民族文明における特殊な一時代を認めねばならない〈原註9〉」と述べている。しかしその後、比較言語学はこの時代全体を文献史学の枠内に入れた。それが我々の手中にもたらしたのは強力な望遠鏡であり、かつて星雲しか見えなかった所に、今やさまざまな形態や輪郭が見出されている。否、それがもたらしたのは同時代証拠と呼べるものである。ちょうどフランス語・イタリア語・スペイン語がかつては一つの未分化な言語、すなわち

表1

	イタリア語	ワラキア語*	レト語**	スペイン語	ポルトガル語	フランス語
I am:	sono	sum(sunt)	sunt	soy	sou	suis
Thou art:	sei	es	eis	eres	es	es
He is:	e	é(este)	ei	es	he	est
We are:	siamo	sủntemu	essen	somos	somos	sommes
You are:	siete	sủnteți	esses	sois	sois	êtes(estes)
They are:	sono	sủnt	eân(sun)	son	sâo	sont

* ルーマニア語のワラキア方言。
** 南スイス、北イタリア、チロルで話されるレト＝ロマン語。

ラテン語の形で存在していたと言えるのと同様、サンスクリットがいまだサンスクリットにならず、ギリシア語がギリシア語にならず、いずれもラテン語・ドイツ語その他のアーリア諸語とともに、いまだ一つの未分化な言語として存在していた時代の思想や言語、宗教や文明の状態を示すのである。

このことは手短な説明を要するだろう。もしラテン語の存在が知られていなかったとしても、つまり十五世紀以前の歴史記録がすべて失われ、伝承すら、かつてローマ帝国が存在したことについて何事も語っていなかったとしても、六つのロマンス語を単に比較しただけで、かつてこれら現代語すべての共通の源であった一言語が存在したに違いない、と言うことができる。なぜなら、これらの言語によって示される事実は、こうした前提なしに説明できないからだ。試みに次表〈表1〉の助動詞を見てみよう。これらの語形を手短に考察するだけでも、

ドーリア方言**	古スラヴ語	ラテン語	ゴート語	アルメニア語
ἐμμι	yesmě	sum	im	em
ἐσσί	yesi	es	is	es
ἐστί	yestŏ	est	ist	ê
…	yesva	…	siju	…
ἐστόν	yesta	…	sijuts	…
ἐστόν	yesta	…	…	…
ἐσμές	yesmŏ	sumus	sijum	emq
ἐστέ	yeste	estis	sijuth	êq
ἐντί	so*m*tě	sunt	sind	en

第一に、すべて同一種の異形にすぎないことは明白である。第二に、これら六列のうちどれかが祖語で、他はそこから派生したと見なすことは不可能だ。第三として付け加えるなら、これらの動詞形が属する言語のいずれにおいても、組成のもととなったであろう要素を見出せない。J'ai aimé〔私は愛した〕という形があった場合、それは単に、フランス語がいまだ駆使している語根構成法を見れば説明可能であり、同じことはj'aimeraiすなわちje-aimer-ai「私は愛するだろう」といった複合語についても言える。しかしje suis〔私は～である〕からtu es〔君は～である〕への変化は、フランス語の文法に照らしてみても説明できない。これらの形態は、いわばフランスの土壌で育成されたものではありえず、より古い時代からの遺物として継承されたに違いない。つまりどのロマン

表 2

	サンスクリット	リトアニア語	ゼンド語*
I am:	ásmi	esmi	ahmi
Thou art:	ási	essi	ahi
He is:	ásti	esti	asti
We (two) are:	'svás	esva	…
You (two) are:	'sthás	esta	*s*tho ?
They (two) are:	'stás	(esti)	*s*to ?
We are:	'smás	esmi	hmahi
You are:	'sthá	este	*s*ta
They are:	sánti	(esti)	hĕnti

* アヴェスター語の旧称。

** 古代ギリシア語の一方言。

ス語にも先だつ、何らかの言語内に存在したに違いないのである。さて、幸いにもこの場合は、単なる臆測ではない。ラテン語の動詞が存在するので、発音の崩れと誤った類推とによって、六列の言語のどれもが、ラテン語という祖語の民族的変容にすぎないことを証明できる。

ここで、別の組合せ表〈表2〉を見てみよう。

これら語形の注意深い考察から、まったく同じ結論を引き出さなければならない。すなわち第一に、すべて同一種の異形にすぎない。第二に、どれかが祖語で他はそこから派生したと見なすことは不可能である。第三に、ここでもまた、これらの動詞形が生じている言語のいずれも、それらの組成のもととなる要素を有していない。サンスクリットが、残りすべてが派生することとなった祖語であると（多くの学者の見解ではあるが）見なせないのは明白だ。ギリシア語は、いくつかの例において、サンスクリットより原初的な、あるいは基幹的とも呼べるような形態を保存しているからである。Εσ-μές はサンスクリットの 'smás から派生されない。なぜなら 'smás は、語根 as「～である」と語尾 mas「我々」という元来の組合せのうち、ギリシア語が保存している a という語根を失っているからだ。ギリシア語もまた、その他の言語が派生することとなった、より原初の言語と定めることはできない。ラテン語すら、ギリシア語の娘とは呼べない。このローマの言語は、たとえば ἐντί や ἐνσί でなく sunt のように、ギリシア語より原初的ないくつかの語形を保存しているからである。ここでギリシア語は、ἐσεντι でなく ἐντί となっており、語根の as をすっかり失っているのに対して、ラテン語の sunt は少なくとも、サンスクリットの sánti 同様、語根の s を保存している。

したがって、これらの言語すべてが指し示しているのは、ロマンス諸語に対するラテン語のような関係に立つ、より古い何らかの言語の存在である。ただ、それほど早い時代には、サンスクリットやゼンド語、ギリシア語、ラテン語、ゴート語、ヴィンディック語、ケルト語など現代のアーリア諸語を産み落として亡くなった、当の母なる言語について何か形跡を保存してくれるような、何らかの文字記録も存在しなかった。けれども、帰納的推理に何らかの真理があるとすれば、その言語はかつては生きた言語であった。ちょうどカモンイスやセルバンテス[42]やヴォルテールやダンテの言語が、その昔テベレ川近くの七丘[43]上に小屋を建てていた少数の農民たちの言語[44]であったと同様、アジアで小部族によって、否、一つ屋根の下に暮らす小家族によって話されていたのである。二つの言語比較表を見てみると、ヴェーダの言語と、今日ベルリンでリトアニア兵が話している言語に見られる一致は、フランス語・イタリア語間の一致よりはるかに大きい。そしてボップ[45]の『比較文法』が完成した暁には、アーリア語族の最初の分離が起きる以前に、文法の基本形式は完全に形づくられ、確立していたということが、明白にわかることであろう。

しかし、比較言語学が用意してくれた資料を用いるなら、アーリア諸族が原初、未分化な家族だった時代の知的状態について、ずっと多くのことを知りうるだろう。こ

42　一五二四？—八〇、ポルトガルの詩人。
43　ローマを貫流するテベレ川に近い七つの丘。ただし、その同定には諸説ある。
44　すなわちラテン語。ポルトガル語（カモインス）、スペイン語（セルバンテス）、フランス語（ヴォルテール）、イタリア語（ダンテ）がともに、ラテン語の後裔にあたるという意味。
45　一七九一—一八六七、ドイツの言語学者。

の場合にもロマンス諸語は、アーリア人種の最古の書庫を開いてくれそうな呪文を教えてくれる。どのロマンス語にも、フランス語の pont、イタリア語の ponte、スペイン語の puente、ワラキア語の pod など、まったく同一の形をもつ語がある。それぞれに民族的特徴を与えているこれらの特異点を考慮に入れた後であれば、これらの言語が分離する以前に、「橋」を示す名詞である pons が知られていたこと、したがって、橋を架ける技術も当時知られていたに違いないことを、確言できる。ラテン語やローマについて何も知らなくても、少なくとも十世紀以前には、本も、パン、ワイン、家、村、町、塔、門なども、これらの人々——その言語が現代南欧語のもととなった当の彼らが誰であったにせよ——に知られていたと、主張できよう。なるほど、これほど貧弱な資料から彼らの歴史を再構成せざるを得ない場合、ローマ人の知的状態を完璧に描ききることは、できないだろう。とはいえ、事実そのような民族がいたことは証明できるし、他の情報がまったくない現状では、こうした一瞥すら歓迎すべきだろう。

しかし、この方法は存在証明《ポジティヴリー》には使ってよかろうと思われるが、単に外来語の混入を避けるよう注意するだけでは、逆の証明、つまり不在証明《ネガティヴリー》には用いることができまい。ロマンス諸語は特定の事物に対し異なる名前を持つため、ロマンス諸族の祖先たちに、その事物自体が知られていなかったということにはならないのだ。ローマでも紙《ペイパー》は知られていたが、それはイタリア語ではカルタ、フランス語ではパピエと呼ばれるのである。

さて、インド人、ドイツ人、ギリシア人、ローマ人、ヴィンディック人、テュートン人、ケルト人などさまざまな民族に分かれる以前のアーリア人種については何も分からないのだから、言語自体に古代史を語らせるというこの方法は、非常に有益なものとなる。なぜならそれは、その存在自体が疑われてきた人類史の一時代、「決して現前しなかった過去」と称されてきた一時代に対し、歴史上の真実味を与えることになるからだ。ホメロスやヴェーダの言語がいまだ形成されていなかった時代をくまなく描き出すような、完全な文明史を期待してはならない。しかし、些細だが重要ないくつかの特徴により、人類精神史上には、その初期の時代が実際に現前したと感じられるだろう。それは、この後明らかになるいくつかの理由により、「神話制作時代」にあたると見られる時代である〈表3〉。

アーリア諸語のほとんどにおいて、「父」「母」「兄弟」「姉妹」「娘」をあらわす名詞が同一であるという事実自体は、一見したところ、さほどの重要性を持つように思われないかもしれない。しかしこれらの語にすら、豊かな意味が込められている。父という名詞がこれほど早期に創出されたということは、父親がその妻の子供たちを自分のものと認め、こうして彼のみが父と自称する権利を有したことを示している。父《ファーザー》はPAという語根から派生しているが、その意味するところは、産まずして保護し、支持し、扶養することだ。子をなす者としての父は、サンスクリットでは*ganitár*と呼ばれたが、子供の保護者・扶養者としての父はpitárと称された。したがってヴェーダ文献では、これら二つの名称が併用されることで、父の全体的理念を表現している。詩人は次のように言う(『リグ・ヴェーダ』I・164・33)。

Dyaús me pitá' ganitá'
Jovis mei pater genitor.
Ζεὺς ἐμοῦ πατὴρ γενετήρ.
天は我が父、我を生みし者。

同様にmâtár「母」も、産み出す者*ganitrî*と組み合わされ(『リグ・ヴェーダ』III・48・2)、やがてmâtárの語はその語源上の意味を失い、敬意や親愛の表現になったことを示している。

スラヴ語	アイルランド語
…	athair
mati	mathair
brat	brathair
sestra	siur
dukte(リトアニア語)	dear

表3

	サンスクリット	ゼンド語	ギリシア語	ラテン語	ゴート語
Father:	pitár	patar	πατήρ	pater	fadar
Mother:	mâtár	mâtar	μήτηρ	mater	…
Brother:	bhrâtar	brâta	(φρατήρ)	frater	brôthar
Sister:	svásar	kha*n*har	…	soror	svistar
Daughter:	duhitar	dughdhar	θυγάτηρ	…	dauhtar

そもそも初期のアーリア人にあっては、mâtárの語にはMA「こしらえる」という語根から作り手という意味があった。Mâ'tarもこの意味で、またギリシア語μή'τηρと同アクセントで用いられて、いまだ女性接辞に規定されておらず、『ヴェーダ』では男性形として用いられているのである。このため、たとえば『リグ・ヴェーダ』Ⅷ・41・4には、

Sá*h* mâ'tá pûrvyám padám

彼ヴァルナ（ウラノス）は、故地の作り手なり。

とある。

今や、mâtárにしてもpitárにしても、父や母という観念が表現されてきた多くの名称のうちのたった一つに過ぎないことが、看て取れるだろう。たとえPAという語根だけを取り、子供を扶養することこそが父親の最も顕著な属性だったと見なしたとしても、父の正名として、同様にふさわしい多くの語が形

成された可能性があるし、事実形成されたのである。サンスクリットでは、保護者はPAに派生接尾辞tarを続けた形のみならず、pâ-la、pâ-laka、pâ-yúといった形でも表現されたし、これらすべてが保護者を意味した。ところで、多くの可能な語形のうち、一つだけが全アーリア語の辞書に受容されたという事実は、アーリア語族の分離が起きたずっと以前に、何か言語における伝統的用法のようなものが存在していたに違いないことを示している。他にも、父という名称が形成されたかもしれない語根が存在する。たとえばGANからはganitár、genitor、γενετήρが生じ、TAKからはギリシア語のτοκεύςが生じ、PARからはラテン語のparensが生じた。同様に父子関係のうち何かきわだった属性をあらわすのに適した、その他多くの名称はさておくとしてもである。仮にどのアーリア語も、全アーリア諸語が共有する多くの語根のうちの一つをもとに、父をあらわす自前の名称を形成していたとすれば、これら全言語間に、根本的共通性が存在したと言えるだろう。しかし、最も重要なことだが、そうした歴史的共通性、つまりすでに明白な語法の一致を獲得していた単一の言語から諸語が派生したということは、決して証明できないだろう。

だが、これら初期文明の最も根本的な用語についても、アーリア諸語のうちいくつかが古い表現を失い、新しい表現に置き換えられるということが起きている。たとえば兄弟姉妹を表すアーリア共通の名詞はギリシア語には現れず、そこでは兄弟・姉妹は ἀδελφός および ἀδελφή である。このことから、ギリシア人がアーリア人の故地から出て行った時にはまだ兄弟姉妹の名詞ができていなかったと結論するのは、誤りだろう。ギリシア人が最初に故地を離れたと推測する理由はないし、テュートン諸族やケルト諸族のように、最初の分離が起きた後、インドの住民たちと接触できなかった民族が、なおも兄弟の名称をサンスクリットと共有している。よって、この名詞が原初のアーリア語に存在したことは確実である。それは、あたかも同じ語がワラキア語とポルトガル語に出現することから、たとえその語の痕跡が他のロマンス諸語に存在しなくともそのラテン語起源が証明されるように、確かなのである。疑いなく、言語の発達は不変の法則に支配されているが、自然科学の他のどの部門より、偶発事の影響はここにおいて多大である。そして、この事例ではギリシア語で兄弟姉妹を示す古代の名称が偶然に失われた〈原註10〉と結論する原理を見出すことが可能であるとはいえ、これはいつも起こることではない。またアーリア諸語の中には、最古代のアーリア語に溯らせるのを正当と感じるような語彙を示さないものもあることが、しばしば見出される。これは我々の一般的議論を強化するものに外ならない。

これほどの早期に、兄弟・姉妹の相互関係は尊い《ハロウド》ものであり、それはアーリア語族が異なる居住地に分かれる以前に慣用化された名称により認められていた。兄弟 bhrâtar の原義は運び助ける男子であったと思われ、姉妹 svásar のそれは楽しませ慰める女子であったらしい——サンスクリットで svasti は歓びや幸せを意味する。

娘 duhitar もまた、分住の起きるずっと以前に慣用化されていたに違いない名称である。それはラテン語を除く諸語すべてにおいて全く同じ名詞だが、その呼称が持つ力[46]の意識を保存してきたのはサンスクリットだけであろう。ラッセン教授[47]が示したように、娘 duhitar は DUH という語根に由来するが、これはサンスクリットで搾乳を意味する。ラテン語の dūco がおそらくこれに当たり、語義が転化したのは trahere〔ラテン語〕「引き出す」と traire〔フランス語〕「搾乳する」の間に起きたのと同様だろう。さて、一家の娘に与えられた乳搾りという名は、初期アーリア人の文学的・田園的生活における多少の牧歌性を、眼前に開陳してくれる。結婚前の娘が遊牧的家族の内において果たしただろう家事の一つは家畜の搾乳であり、父親がその娘に対して、sutâ「生みし者」とか filia「乳飲み子」などと呼ぶのでなく、我が小さな乳搾りと呼んでいたと想像するなら、社会の最も粗野な状態でこそあれ、一種の慎みとユーモアがあったことが明らかだ。この意味はしかし、アーリア人たちが分住するずっと以前に忘れられたに違いない。Duhitar は当時もはや愛称ではなく専用語に、あるいは言わば娘の正式名称になっていた。多くの語が同様の気風において形成され、それらが遊牧生活の状態中でのみ適用可能だったことを、この先頻繁に見るだろう。しかし、これほど特別な意味の語が、語源上の活力をすべて奪われて一般用語に転化したというのは奇異に映るかもしれない。だから、語源に依ることで、最も一般に通用している表現の裏にアーリア語族の古代遊牧生活というこの特殊《ペキュリアー》な背景を発見できるような似た事例をいくつか、ここで挙げておくのがよかろう。今の外ならぬpeculiarという語が、より近代から採られた例証に役立つかもしれない。Peculiarの語は、今では独特で普通ならぬの意味だが、元来はpeculiumに由来し、私的なすなわち共有でない物財を意味した。さて、ラテン語のpeculiumはpecudiumと同義であり（ちょうどconsiliumがconsidiumと同義であるように）、pecusおよびpecudisに由来して、我々なら家畜とか動産と呼ぶものを元来は表現していた。家畜は農耕民の主要な私的財産だったから、元来は私財を指していたpeculiarの語が、やがて共有で

46　ミュラーは、ある単語が元来なにかを指していた本来の意味機能を、力（パワー）・活力（ヴァイタリティ）と呼ぶ。

47　一八〇〇―七六、ノルウェー生まれ、ドイツで活躍したインド学者。

ないものを意味するようになり、ついには現代の会話におけるように、奇特の意味に転移したのは、よく理解できるだろう。よく知られた pecunia の語源に言及する必要はなかろう。この語も同じ pecu の語に由来し、したがって畜群を指したが、次第に金銭の意味を帯び出した。それはアングロ・サクソン語の feoh やドイツ語の Vieh すなわち「家畜」と同様であり（これらも元来はグリムの法則[48]によれば pecu と同一語）、時がたつにつれて金銭的報償、すなわち料金の意を獲得したのである。現代語で、言わば我々自身の眼下で起きていることが、より遠い時代に起きたからといって驚くいわれはない。

　さて、最も有用な家畜は常に雄牛と雌牛であり、これらはアーリア諸族において主要な富および最重要の生業手段をなしてきたと思われる。雄牛と雌牛はサンスクリットでは go（複数形 gâvas）と呼ばれ、古高ドイツ語の chuo（複数形 chuowi）、また喉音から中唇音への変化を伴い、古典語の βοῦς、βόες〔ギリシア語〕および bôs、bôves〔ラテン語〕と同一語である。スラヴ諸語もこの古代名の痕跡を保存してきた。たとえばレット〔ラトヴィア〕語 gohws、スラヴォニア語 govyado「畜群」、セルヴィア語 govedar「雌牛群」などだ。Βοῦς からはギリシア語 βουκόλος が生じ、これはもともと雌牛群を意味したが、βουκολέω という動詞においては、「雌牛を世話する」という意味が「家畜を世話する」という、より一般的な意味に吸収された。否、それは ἐλπίσι βουκολοῦμαι「我ははかない望みもて自らを養う」におけるように、隠喩的な意味で用いられている。この語は馬についても用いられるため、馬の群を指す ἱπποβούκολος という表現が見られるが、これは元来なら「馬の雌牛群」ということだ。これと比較しうるのは唯一、サンスクリットの goyuga で、一対の雄牛を意味したが、後には何の対でも指すようになったので、一対の雄牛は go-go-yuga と呼ばれることとなる。またサンスクリットでは、go-pa はもともと雌牛の群を意味するが、すぐにこの特殊意義を失い、雌牛小屋の長すなわち牧夫を指すのに用いられるようになり、ついにはギリシア語で ποιμὴν λαῶν「牧民者」と言うように、王を指すようになった。Gopa からは gopayati という新たな動詞が形成され、そこでは原義の痕跡はすべて消失されていて、単に保護を意味するにすぎない。Gopa が雌牛群を意味したように、サンスクリットの go-tra はもともと畜舎であり、畜群を泥棒から保護し、迷い出ないように保養する包囲物を意味した。Gotra はしかし、後世のサンスクリットではそ

48 ゲルマン諸語における音韻の規則的推移に関する法則で、ヤーコプ・グリムが『ドイツ文法』第一巻第二版（一八二二年）で発表した。

の語源的活力をほとんど完全に失い、女性形 gotrâ のみが雌牛群の意味を保存している。古代、アジアやヨーロッパの政治的均衡を保つためでなく、よい牧草地を獲得し、あるいは家畜の大群を専有するために大抵の戦争が行なわれた時代には〈原註11〉、家畜囲いは自然と城壁へ発展した。生垣は砦になって、同じ壁の内に住む者たちは gotra すなわち家族、部族、民族と呼ばれるようになった。『〔リグ・〕ヴェーダ』では、gotra はいまだ畜柵ないし畜舎の意味で用いられている（Ⅲ・39・4）。

Náki*h* êshâm ninditâ' mártyeshu
Yé asmâ'kam pitára*h* góshu yodhâ'*h*
I'ndra*h* eshâm dri*m*hitâ' mâ'hinâvân
U't gotrâ'*n*i sas*r*ige da*m*sánâvân.

人のうちに、我らが父祖、雌牛たちの間で戦いし者らを嗤《わら》う者なし。インドラ、強き者は、彼らの守り手。彼、力ある者は、彼らの囲い〈原註12〉すなわち所有を拡大す。

「雌牛たちの間で」ないし「雌牛たちのために戦いし」を表すgoshu-yúdhは、『「リグ・」ヴェーダ』I・112・22では戦士一般の名として用いられており、戦闘を指して最も頻繁に現れる語の一つはgáv-ishtí つまり語義的には「雌牛たちのために奮闘する」である。しかし後世のサンスクリットでは、gaveshanaは単に（物理的ないし哲学的）探究を、gaveshは「探究する」を意味する。さらにまた、goshthaは雌牛小屋ないし畜舎（βουσταθμον）を意味するが、時代を経て文明が進歩すると、goshthíは会合の名称となった。否、それは議論と噂話《ゴシップ》を表すのに用いられるようになった。あたかも、gossipという語も元来は名づけ親を意味したのが、後に無駄話とかお喋りといった抽象的意味をとるようになったのと同様である。

これらの語はすべてgo「家畜」から構成されており、もし懐疑心の乏しい読者たちの忍耐力を試すことを恐れないなら、さらに多くの語を追加できるだろう。すべて、これらを形づくった人々が半遊牧的・牧畜的生活を送っていたに違いないことを証しており、この人々がどのようにしてduhitarの語を娘の意味で用いるようになったのか、よく理解できよう。言語はそれを話す人々の科学と習慣の見取図と呼ばれてきた。海洋民の言語を調べてみたなら、おそらく家畜や牧草地に代わって舟や水が多くの語の部分を成しており、それらが後により一般的な意味をとるようになるのが見られるだろう。

アーリア種族が分住する以前の社会状態を示す他の語の検討に進もう。それらは我々のおぼろげな絵図にもっともらしさとリアリティの筆致を与え、原画を見たことのない人々にさえ、きっと鑑賞してもらえるだろう。

息子を表す語は飛ばそう。それは、その語源が単に「産まれた」に過ぎず〈原註13〉全く関心を惹かないためでもあるし、息子の地位すなわち父の富と力の継承者・相続者という地位は、娘や姉妹や兄弟よりはるかに早い時代にその名を存在させただろうから。事実、「父」や「母」、「息子」や「娘」、「兄弟」や「姉妹」として表現されるこれら全ての関係は、言わば自然の法則により固定されており、それを言語で認めたことは、その名称自体がいかに適切に選択されていようと、文明の相当な進歩をなんら証明するものではない。しかし、より後代に生じ、より因習的な性格を持ち、たしかに社会の法《ロー》によって規定されながらも、自然の声によって公言されてはいない、別の関係が存在する——それは英語では、義父《ファーザー・イン・ロー》、義母、義理の息子、義理の娘、義理の兄弟、義理の姉妹《シスター・イン・ロー》など、in-law〔直訳すれば「法における」〕を付加することで適切に表現されている関係である。もしこれらの関係を表す名称がアーリア文明の最早期に対し立証されたなら、注目に値する事柄が得られたことになるだろう。というのも、アフリカやオーストラリアの言語でも父・母・息子・娘・兄弟・姉妹を指す語を見出せないものはほとんどなく、これら自然な親等が清い《ハロウド》ものとされない部族はほとんどないが、姻族の親等を表す表現がない言語や、その意味自体を知らない部族は存在しているからである。

この表〈表4〉が示すとおり、アーリア種族の分離以前に、姻族の親等いずれもが言語で表現され、認定されていた。いくつかの欄は空白のままにせざるを得なかったが、ここに見られる一致は、一般的結論を保証するに足るものだからだ。サンスクリットにputra「息子」という語が、ケルト語にもpaotr「息子」の語が見出され、語根と接尾辞が同一である。よって、他のアーリア語のどれもこの語を正確に同じ形で保存していないが、ケルト語とサンスクリットの語彙の一致は、putraがアーリアの共通語であり、この語族のどの分枝も共通の樹幹から分断される以前に広く知られていた、という推定に立ってのみ説明できるのだ。このことは、心に留めておかねばならない。

近代の言語において同様の事例を扱う場合なら、後世の交流によるものと認めたく感ずるかもしれない。しかし幸いにも古代の言語については、アーリア語族の南方分派がヒマラヤ山脈を越え、北方分派がヨーロッパの諸海岸に足を踏み入れた後に、そうした交渉は不可能だった。別の疑問が出されるのは、gâ'mâtar〔サンスクリット〕とγαμβρός〔ギリシア語〕（元来は「婿」ないし「夫〈原註14〉」、後に「義理の息子」）におけるように、ギリシア語とサンスクリットにおいて同じ語根が採られ、したがって同じ根本観念が表現されているとしか証明できないのに、派生語が各言語で独特な形をとる場合である。ここでは疑いもなく、結論をくだすのにより慎重であらねばならないが、一般的に、これら形態上の差異は、可能な多くの形が初めは混交して用いられているうち、一つがある詩人により、もう一つは別の者により選ばれて、それから人口に膾炙し慣用とされるに至ったという、同一言語の方言にも起こる程度のものに過ぎないことが見出されよう。この方が少なくとも次の推測より、よほどありうることだ。つまり、さまざまに表現できた関係性を表すのに、ギリシア人はインド人とは無関係に、同じγαμという語根を選んでγαμρός およびγαμβρός という形を作り、他方のインド人も同じ目的で同じ語根を採用し、それに偶発的な形（bhartar でなく bhrâtar が生じたように）

スラヴ語	ケルト語
svekr	chwegrwn
svekry	chwegyr（ウェールズ語）
…	…
snocha	…
deweris（リトアニア語）	…
…	…
jatrew（ポーランド語）	…
…	…
…	…

表4

	サンスクリット	ギリシア語	ラテン語	ゴート語
義父	svásura	ἑκυρός	socer	svaihra
義母	svasrû'	ἑκυρά	socrus	svaihro
義理の息子	gâ'mâtar	γαμβρός	gener	…
義理の娘	snushâ	νυός	nurus	snûr
義理の兄弟	dêvár (ανδράδελφος)	δαήρ	levir	tâcor
義理の姉妹	(nânandar)	γάλως (ἀνδραδέλφη)	glos	…
	yâtaras(兄弟の妻)	εἰνάτερες	janitrices	…
	syálá(妻の兄弟)	ἀέλιοι	…	…
	syâlî'(妻の姉妹)	εἰλιόνες(姉妹の夫)	…	…

を与えて、さらに通常の接尾辞 tar を加えたに過ぎず、こうして gamara や yamara ではなく gâ'mâ-tar を形成した、というような推測である。また、これらの言語の一つが共通の語彙を失っている場合でも、それが以前存在したことを、派生語により立証できる場合がある。

たとえばギリシア語では、少なくとも文語においては、nepos〔ラテン語〕「孫息子」という語の痕跡がないが、サンスクリットでは nápât、ドイツ語 nefo である。また neptis〔ラテン語〕「孫娘」の痕跡もないが、サンスクリットでは naptî、ドイツ語では nift だ。けれどもギリシア語には ἀ-νεφιός「いとこ」の語があり、おじは avus 由来の avunculus〔ラテン語〕「小祖父」と呼ばれたことから、このいとこは共に孫同士ということになる。この ἀνεψιός という語は、ラテン語 consobrinus すなわち consororinus 同様「姉妹の子供同士」から作られていて、現代語のいとこ、イタリア語の cugino に等しいが、そこには基となった soror〔ラテン語で「姉妹」〕という語の意味はほとんど残されていない。したがって ἀ-νεψιός の語は、ギリシア語でもかつて νεπους が「子供」か「孫」の意味で存在していたに違いないことを立証している。同様の過程をへて、かつてギリシア語にもサンスクリットの syālá「妻の兄弟」に対応する語彙があったと証明できる。サンスクリットでは、夫は妻の兄弟を syālá、妻の姉妹を syālī́ と呼ぶ。よってギリシア語では、ペレウスならアムピトリテを、ポセイドンならテティスを、自分の syālī́ と呼ぶことになる。[49] 姉妹と結婚した者は syālī́ も共有することとなり、ギリシア人の言う ἀ-έλιοι にあたる。ギリシア語ではふつう二母音間の sy は脱落するためだが、唯一の変則は、短音 ε がサンスクリットの長音 ā に代わっていることである。[50]

他にもいくつか、アーリア人の家族生活の初期組織にぼんやりと光を当てる語がある。寡婦の地位は言語でも法でも認められており、それほど早期において、夫を失った女性が彼とともに死ぬ運命であったことを示す形跡は見られない。[51] もしこの慣習が存在していたとしたら、寡婦の名称を有する必要はほとんど感じられなかっただろうし、もし感じられたとしても、その語はおそらく、この恐るべき儀礼に何らかの形で言及していたはずだからだ。さて、サンスクリットにおける「夫《ハズバンド》」ないし「男《マン》」はdhavaで、他のアーリア語には存在しないようだが、ことによると例外はケルト諸語で、ピクテ[52]は類似形dea「男《マン》」ないし「人《パースン》」を提出している。Dhavaから、サンスクリットは「〜無き」を意味する前置詞viを付加することで寡婦の名詞を作っており、そこからvidhavâ「夫の無き」「寡婦」が生じた。この合成語はdhavaという単語を失った言語にも保存されており、この慣用語の非常な古さを示している。それはケルト語feadbhのみならず、ゴート語viduvoにも、スラヴ語vidovaにも、古プロシア語widdewûにも、ラテン語viduaにもある。もし、それほど早期に寡婦焼殺の慣習が存在したなら、彼女らはすべて夫につき従って死に赴いただろうから、「夫無き女

49 ペレウスの妻テティスと、ポセイドンの妻アムピトリテは姉妹同士で、ネレウスとドリスの間に生まれたネレイスと総称される五〇人の娘たちのうちの二人。

50 もとの形a-sy-âlioiからsyが脱落しさらにa-elioiに変じたということ。

51 いわゆる寡婦焼殺（サティー）の慣習。

52 一七九九—一八七五、スイスの言語学者。

性」たるvidhavâはいなかったろう。よって名称自体が、インドにおける寡婦焼殺は後世に生まれたということを示しており、これは歴史的証拠によっても証明できる。実に、英国政府がこの陰鬱な慣習を禁じ、[53]インド全域が宗教革命に瀕しているように見えたその時、バラモンたちはこの聖なる儀礼の典拠として『ヴェーダ』を引き合いに出した。そして彼らの宗教実践は中断されないとの確約を得るや、彼らは寡婦焼殺《サティ》への敬意を表明したのである。実際に彼らは『リグ・ヴェーダ』の章節を引用し、従来最も精確にして学識あるサンスクリット学者であったコールブルック[54]は、この一節を彼らの見解に合うよう翻訳したのだ。

「オーム！　寡婦たるべからざるこれらの婦人、膏薬を塗られたる良妻は、溶かしバターを携え、自らを火に委ねしむべし。死することなく、子の無きことなく、夫無きことなく、宝石に美しく飾られて、彼女らを火中に入らしむべし、その元素は水なればなり」（『リグ・ヴェーダ』〔X・18・7〕より〈原註15〉）。

さて、これはおそらく、節操のない聖職者がすることの、最も破廉恥な事例であろう。ここにおいて何千もの命が犠牲にされ、熱狂的な反乱は、誤解され誤訳され誤用された一節の権威の上に、脅威にさらされたのだ。もし当時、『リグ・ヴェーダ』のこの詩節を確認できたなら、バラモンたちは自らの武器により打ちのめされ、否、彼らの霊的特権は激しく揺さぶられることになったはずである。『リグ・ヴェーダ』は、今や百人に一人のバラモンも読むことができない代物だが、寡婦焼殺を強いるどころか、この慣習はインド史の最早期には規定されていなかったことを、明らかに示している。『リグ・ヴェーダ』の讃歌および『グリヒア・スートラ』に収められたヴェーダ教の祭式によれば、妻は夫の遺体につき添って火葬の薪に赴いたが、そこで『リグ・ヴェーダ』から採られた詩節を唱えられ、夫のもとを離れ生者の世界へ戻るよう命じられたのである〈原註16〉。すなわち次のように言われている。

「起《た》て、女よ、生者の世界へ来たるべし。汝は逝去せる者の傍らに眠りおる。我々のもとへ来たれ。かく汝はかつて汝の手をとり、汝を母とせし夫への、妻たる義務を果たせり」[55]

53　一八二九年、サティー禁止法制定。

54　一七六五—一八三七、イギリスのインド学者。

この詩節は、後のバラモンたちが改竄し、自分たちの残虐な教義の根拠として引用したまさにその詩節の後に来るものなのだ。この詩節の読みはまったく疑いを容れない。というのも、『リグ・ヴェーダ』全体で、ここには我々の語義におけるいかなる読み替えもありえないからである。のみならず、注釈や祭式も存在しているが、このテクストとその意味に関して、どこにも、いかなる差異も存在しない。それは、葬礼に参列し薪に油とバターを注いだ別の女たちに対する呼びかけである。

「寡婦ならざる、よき夫をもつこれらの婦人は、油とバターを携えて近くに寄るべし。母たる者たちはまず祭壇へ登れ、涙なく、嘆きなく、美しき宝石に蔽われて」[56]

ここで、「母たちはまず祭壇へ行くべし」はサンスクリットでは

‘Â rohantu ganayo yonim agre;’

であり、これをバラモンたちは

Á rohantu ganayo yonim agneh;

へと変更した――これは小さな、しかし多くの命を火（agne*h*）の子宮（yonim）にゆだねるには充分な変更であった〈原註17〉。

余談はこれくらいにして、言語だけが情報を与えてくれる古代史の時代へ戻ることにしよう。そして、当時すでに寡婦ないし夫無き者という名称があったと主張してきたのだから、夫という名詞もまた今日に至るまで、アーリア諸語のほとんどにおいて同一であり、それはアーリア人たちによりその分離以前に固定されていたからといって、驚くにはあたらない。それはサンスクリットではpatiで、原義はラテン語のpotisないしpotensと同様「強い」であった。リトアニア語でも形はまったく同じでpatisであり、これにグリムの法則を適用すると、ゴート語のfathsになる。ギリシア

55『リグ・ヴェーダ』X・18・8

56『リグ・ヴェーダ』X・18・7

語でも我々は πόσις ではないが πόσις を見出す。さて、サンスクリットにおいて pati の女性形は patnî であり、古プロシア語の pattin（対格は wais-pattin）およびギリシア語の πότνια はどれも「女主人」を意味するが、その単なる転写にすぎないのは疑いない。

夫がその家の中でそうであったところのもの、すなわち主《あるじ》にして強力なる保護者、これこそは、王がその人民の間で果たした役目だった。さて、サンスクリットで人民を指すふつうの語は vis であり、そこから第三カーストの称号たる「世帯主」Vaisyas が派生した。それは、サンスクリットの vesa「家」、οἶκος〔ギリシア語〕、vicus〔ラテン語〕、ゴート語 veihs、ドイツ語 wich、そして現代英語での多くの地名呼称[57]と同じ語根から来ている。ここからサンスクリットで vispati は王すなわち人民の主を意味し、この合成語がアーリア人の分離前にその礼法により定められた称号になっていたことは、奇妙なことだがリトアニア語の wiêsz-patis「主」および wiesz-patene「女主人」を、サンスクリットの vis-patis および patnî と比較することで確かめられる。したがって、これほど早期に、きちんと組織された家族生活があっただけでなく、その家族は国家に吸収され始め、ここでも慣用的な称号が固定されて、おそらくカエサルの称[58]が聞かれる二千年も前に、継承されていたわけだ。

人民を表す他の名称はdâsaないしdasyuおよびdâsa-patiで、疑いなく古い王の名称であった。とはいえ、visとdâsaの間には大きな違いも存在し、前者は人民を意味するのに対して、後者は臣民、征服された種族、否、もともとは敵を意味した。『ヴェーダ』においてdasyuとは敵のことだが、同じ語の見える『ゼンド・アヴェスター』では、州ないし氏族の意味である。そしてダレイオス王[59]はその岩山文書[60]において自らを「ペルシアの王にして諸州の王」(Kshâyathiya Pârsaiya, Kshâyathiya dahyunâm)と呼んでいる。よって、ギリシア語のδεσ-πότηςがサンスクリットの称号dâsa patiを表しているのはほぼ間違いないが、近年ひどく評判の悪くなった「大公《ホスポダール》(Hospodar)」の称号[61]が、ボップの言うようにサンスクリットのvispatiないしdâsapatiと同一だと

57　たとえばグリニッジ(Greenwich)、ウォーリック(Warwick)など。-wickはもと「村」の意味。

58　カエサル(前一〇〇—前四四)に由来するローマ帝国皇帝の称号。

59　前五五八頃—前四八六。

60　ベヒストゥン碑文。

61　クリミア戦争当時(一八五三—五六)トルコ領のワラキアやモルダヴィア領主がこの称号で呼ばれていたことを指すと思われる。

は認められない。この語はリトアニア語でgaspadorus、古スラヴ語でgospod、gospodin、gospodar、ポーランド語でgospodarz、ボヘミア語でhospodárである。スラヴ語のgはしかし、サンスクリットのwやdに対応しないし、patiのtがdになったはずもない〈原註18〉。ベンファイ[62]はgospodをヴェーダ語のgâspatiに由来するとして前者の困難[63]を回避しているが、後者の難点[64]は避けられていない。これほど古代アーリア語のどれかを密輸しようと試みて、難なく破るすべもない法則に抗するよりは、こうした困難があることを白状する方が明らかに良策である。

王を表すアーリア共通の第三の語は、『ヴェーダ』のrâg、ラテン語のrex、regis、ゴート語のreiksであり、今なおreich〔王国〕、regnum〔王国〕、Frank-reich〔フランス〕、regnum Francorum〔フランク王国〕などドイツ語で用いられる語であり、アイルランド語ではriogh、ウェールズ語ではriである。

王と女王を指す第四の名称は、単に父と母というものだ。サンスクリットにおけるganakaはGAN「子をなす」に由来し、父を意味する語で、有名な王の名として『ヴェーダ』にも現れる。[65]これは古ドイツ語ではchuning, 英語のkingである。サンスクリットで母はganiで、ギリシア語γυνή、ゴート語qinô、スラヴ語zena、英語queenだ。つまりクイーンとは元来は母ないし女主人を意味するのであり、ここにもまた、家族生活の言語がしだいに最古のアーリア国家における政治的言語へと成長し、家族内の兄弟愛が国家内の同胞愛になったさまが見てとれる。

見てきたように、アーリア語族が南と北に分裂する以前から、家の名称は知られていた。この目的のためにさらなる証拠を提出するには、サンスクリットの dama をギリシア語の δόμος、ラテン語の domus、スラヴ語の domŭ、ケルト語の daimh、ゴート語の timrjan「建てる」（英語の timber（建てる）はこれに由来する）と比較すればよいのだが、スラヴ語 grod および gorod、リトアニア語 grod と、ゴート語 gards、ラテン語 hort-us、ギリシア語 χόρτος が同一だというのは疑わしい。ともかくいずれも囲われた土地を意味している。家で最も重要な部位は、ことに古代には、しっかり閉じられ敵の襲撃に耐えうる扉《ドア》であったが、喜ばしいことに、その古代名はサンスクリット dvar、dvâras、ゴート語 daur、リトアニア語 durrys、ケルト語 dor、ギリシア

62　一八〇九—八一、ドイツのサンスクリット学者・比較文献学者。
63　スラヴ語の g がサンスクリットの w や d に対応しないこと。
64　pati の t が d になったはずがないこと。
65　ヴィデーハ国のジャナカ王。シーターの父として『ラーマーヤナ』にも登場する。

語θύρα、ラテン語foresに保存されている。大工ないし建築家もまた、サンスクリットとギリシア語で同名であり、takshanがギリシア語のτέκτωνにあたる。ギリシア語のἄστυ〔町〕もサンスクリットのvâstu「家」と比較され、ギリシア語κώμη〔村〕はゴート語haims「村」、英語homeと比較されてきた。早期に都市が存在したことに関して、さらにいっそう決定的なのはサンスクリットのpuri「町」で、ギリシア人によって彼らの町を指す名称πόλιςに保存されている。街道も未知でなかったことはサンスクリットのpath、pathi、panthan、pâthasから明らかで、いずれも「路《パス》(path)」を指す名詞であり、ギリシア語πάτος、ゴート語fadもそうで、ボップはこれらがラテン語のpons、pontisおよびスラヴ語のpontiと同一だと考えている。

言語の遺存物すべてを精査するならゆうに一冊の書物を要するだろう。しかし疑いなく、新たな語ひとつひとつが我々の議論を強化し、そこから古代アーリア人の尊敬すべき精神が再構築されることとなる。新たな石塊を加えてくれるだろう。けれどもここまで検討してきた証拠で、これらの語、すなわち時の流れをくだって来て、これほど多数の民族の岸辺に打ちあげられた語を造り出した種族が、未開の、単なる遊牧民・狩猟民種族であったはずはないと示すには充分に違いない。否、狩猟や戦争にかかわる用語のほとんどは各アーリア語で異なるのに、より平和的な営みにかかわる単語は一般にアーリア語共通の相続物に属することが、観察されるはずである。この事実が有する広汎な意義をきちんと認めたなら、ギリシア語とラテン語についてなされたニーブール[66]による同様の言葉が、この偉大な学者がその、より限定された視点から発したのとは、非常に異なる説明を要する。つまり、全アーリア種族はその分離以前、長いこと平和に暮らしていたが、各共同体が新たな住処を求めて出発し、新たな世代がその前進にともなう好戦的・冒険的生活にかかわる新たな用語を形成するにつれて、彼らの言語は個別性と民族性を獲得したことが、明らかとなる。その結果、ギリシア語とラテン語だけでなく全アーリア語が平和的な語を共有しており、同じ結果それら諸語は、戦闘的表現ではあれほど奇妙にも相違しているのである。こうして、家畜は一般に英国でもインドでも同じ名で知られているのに対し、野生動物はギリシア語とラテン語においてすら、異なる名を持っているのだ。ここでは一覧表を掲げるだけにし、これらすべての語の語源的形成に立ち入るとすれば時間がかかりすぎるから、その表みずからに語らせることにする。それらの根本的意味を正しく理解するなら、アーリア種族の思考世界と原初的生計にかんする生き証人として、より多くの示唆を与

66　一七七六―一八三一、ドイツの古代史家。

テュートン語	リトアニア語	スラヴ語	ケルト語
faihu(独)	pecku(プロシア語)	…	…
fihu(古高独)			
chuo(古高独)	gohw(レット語)	govjado(スラヴ語)	…
auhsan(独)	…	…	ych(ウェールズ語)
stiur	…	tour	…
stairo	…	…	…
aihus(独)	aszwa	…	osw(ウェールズ語)
fula(独)	…	…	…
hund(古高独)	szu	sobaka(露) kuce(ブルガリア語)	cu(ゲール語)
avi-str(独)	awi	ovjza(スラヴ語)	
ewe(英)			…
…	…	…	…
hafr(古高独)	…	…	…
…	ozis	…	aighe(ゲール語)
sû(古高独)	…	svinia	…
farah(古高独)	parszas	prosie(ポーランド語)	…
grîs(古ノルド語)	…	…	…
asilo	…	…	…
mûs(古高独)	…	mysz(ポーランド語)	…
micca(古高独)	musse	mucha(露)	…
kans(古高独)	zasis	hus(ボヘミア語)	ganra(ゲール語)

表5

	サンスクリット	ゼンド語	ギリシア語	イタリア語
家畜	pa*s*u	pa*s*u	πῶυ	pecu
牛	go(主格 gaus)	gâo	βοῦς	bos
雄牛	ukshan	ukshan vakhsha	…	vacca ?
仔雄牛(スティア)	stûrá	stavra	ταῦρος	taurus
若雌牛(ヘファ)	stari	…	στεῖρα	(sterilis)
馬	â*s*u, a*s*va	a*s*pa	ἵππος	equus
仔馬(フォウル)	…	…	πῶλος	pullus
犬	svan	*s*pâ(σπάκα)	κύων	canis
羊	avi	…	ὄϊς	ovis
仔牛(カーフ)	vatsa	…	ἴταλος	vitulus
雄山羊	…	…	κάπρος	caper
雌山羊	a*g*â	…	αἴξ	…
雌豚(サウ)	sû(kara)	…	ὗς	sus
仔豚(ピグ)	p*r*ishat	…	πόρκος	porcus
豚(ホグ)	g*r*ishvi	…	χοῖρος	…
驢馬	…	…	ὄνος	asinus
鼠	mûsh	…	μῦς	mus
蠅	makshikâ	…	μυῖα	musca
鵞鳥	hansa	…	χήν	anser

えてくれるだろう〈表5〉。

野生動物のうち、いくつかがアーリア人分離前に知られていたが、それらはアジアとヨーロッパのどちらにも住む動物、熊と狼である〈表6〉。

これに付け加えるべきは蛇だ。

馴致《じゅんち》され家畜化されたものもあれば、今なお当時のまま牧夫とその畜群の天敵もある、これらさまざまな動物名にあまりかかずらうことなく、続いて、この初期牧畜生活には犂《り》耕《こう》や製粉や織布、そして貴重かつ有用な金属の加工もともなっていたことを示す、いくつかの語を挙げることにしよう。

犂耕を指す最古の用語はARで、ラテン語arare、ギリシア語ἀροῦν、古高ドイツ語aran「耕す」、ロシア語orati、リトアニア語arti、ゲール語arに見られる。この動詞から、犂《すき》の共通名称であるἄροτρον〔ギリシア語〕、aratrum〔ラテン語〕、古サクソン語erida、古ノルド語ardhr、スラヴ語oralo およびoradlo、リトアニア語arimnas、コーンウォール語[67]aradarが得られる。Ἄρουρα〔ギリシア語「耕地」〕とarvum〔ラテン語「耕作地」〕もおそらく同根由来だろう。しかし、農地《フィールド》を表す、より一般的な名称はサンスクリットpada、ギリシア語πέδον、ウンブリア語perum、ポーランド語pole、サクソン語folda、古高ドイツ語feld、field、あるいはἀγρός〔ギリシア語〕、

表6

	サンスクリット	ギリシア語	イタリア語	チュートン語	スラヴ語
熊	*r*iksha	ἄρκτος	ursus	…	…
狼	v*r*ika	λύκος	lupus (v)irpus	vulfs	wilka
蛇	ahi sarpa	ἔχις(ἔγχελυς) ἕρπετον	anguis(anguilla) serpens	ungury …	ûgorj(ロシア語) …

ager〔ラテン語〕、ゴート語 akrs である。

アジアに生育していた穀物は、後にアーリア種族がもっと北方で耕作することになったものと同一とは思えない。しかし名称のいくつかは保存されており、正確に同一とは言えないまでも、少なくとも似た植物的特徴を持っていたと推測してよい。そうしたものにサンスクリット yava、ゼンド語 yava、リトアニア語 jawas があり、これがギリシア語で ζεά に変じたに違いない。サンスクリットの sveta は白を意味し、ゴート語 hveit、古高ドイツ語 huiz および wiz、アングロ・サクソン語 hvît、リトアニア語 kwêtys に対応する。しかし色名は白い穀物の名ともなったため、ゴート語 hvaitei、リトアニア語 kwećio、英語 wheat〔小麦〕が生まれたが、これらをスラヴ語 shito、ギリシア語 σῖτος と比較した学者もいる。穀物名は元来、砕かれたり碾《ひ》かれたりする物を意味した。たとえばサンスクリットの kû*rn*a は「碾かれる」を意味し、同じ語根要素からロシア語 zerno、ゴート語 kaurn、ラテン語 granum が派生したのは疑いない。リトアニア語で girna は碾臼であり、複数形 girnôs は手回し粉碾き具《ハンドミル》の名称である。ロシア語でも碾臼は shernov であり、粉碾き具《ミル》を指すゴート語の名称は qvairnus で後に quirn となった。製粉機 (mill) を指す英語名もかなり古い。それは古高ドイツ語 muli のみならず、リトアニア語 malunas、ボヘミア語 mlyn、ウェールズ語 melin、ラテン語 mola、ギリシア語 μύλη にもみられるからだ。

煮焚きの名称、および生肉《フレッシュ》と食肉《ミート》が早くに区別されていたことを付け加えれば、たとえば後世『ヴェーダ』の詩人たちによって生肉を食する部族に対し表明されているのと同じ嫌悪感が、この原初時代にすでに持たれていたことを示せるかもしれない。Kravya-ad (κρέας-ἔδω) と âma-ad (ὠμός-ἔδω) とは野蛮人につけられた呼称で、ギリシアの ὠμοφάγοι〔生肉を喰らう部族〕や κρεοφάγοι〔食肉族〕と同様の恐怖とともにインドでも用いられている。しかし今はこれらの点にふれるだけにし、こうした人間生活の古い図像をくっきり浮彫りにするのは、別の機会に残さねばならない。

衣服の名称は全アーリア諸族で同一で、サンスクリットで vastra、ゴート語で vastí、ラテン語で vestis、ギリシア語で ἐσθής、ケルト語で gwisk だから、織ったり縫ったりする技術をアーリア人の祖先たちに帰してよい。サンスクリットで織ることはveと言い、使役形がvapである。Veと一致するのはラテン語vieo、ギリシア語Fή-τριονの語根であり、vapと一致するのは古高ドイツ語wab、英語weave、ギリシア語ὑφ-αίνωである。

サンスクリットで縫うことはsivと言い、そこからsûtra「糸」が生じた。同じ語根はラテン語suo、ゴート語siuja、古高ドイツ語siwu、英語sew、リトアニア語suwú、スラヴ語shivu、ギリシア語καταστύω に代わるκασσύωに保存されている。別のサンスクリット語根で非常に似た意味を持つのはNAHで、これはnabhおよびnadhとしても存在したに違いない。Nahからはラテン語neoおよびnecto、ギリシア語νέω、ドイツ語nâhanおよびnávan「縫う」が生じ、nadhからはギリシア語νήθωが、nabhからはサンスクリットnâbhi、nâbha、あるいはûrṇanâbha「蜘蛛」、語義通りには「毛糸を紡ぐ者」が生じた。

元来は「縫う」または「織る」という特殊な意味を持っていたらしいが、後にはサンスクリットで「作る」という、より一般的な意味をとるようになった第四の語根がある。それはrakで、ギリシア語ῥάπτω「縫い合わせる」または「織る」に対応する

67　英国コーンウォール地方のケルト系言語。

かもしれない。否、これは蜘蛛を指す別の名称であるギリシア語の ἀράχνη、ラテン語の aranea、そして毛織物の古典名 λάχνος ないし λάχνη およびラテン語 lana を説明するかもしれない。

金属のいくつかの価値と有用がアーリア種族分離前に知られていたことは、いくつかの単語のみから立証される。金属のほとんどの名は、地域ごとに異なるからだ。けれども鉄が知られており、攻撃と防御どちらの目的であれ、その価値が賞賛されていたのは疑いない。古いアーリア名が何だったにせよ、サンスクリット ayas、ラテン語 aheneus〔青銅〕中の ahes、さらに短縮形 aes、aeris、ゴート語 ais、古高ドイツ語 er、英語 iron はどれも、同じ型で鋳られ、多くの世紀をへて、ほんのわずか錆びつき腐食されたにすぎない同一名なのである。金や銀といった貴金属の名は、多くの世代の手をわたるうちに傷んだ度合いが大きい。とは言え、ケルト語の airgiod にさえサンスクリット ragata、ギリシア語 ἄργυρος、ラテン語 argentum の痕跡が発見できるし、ゴート語 gulth「金」にさえ、語尾が大きく異なるだけで、スラヴ語 zlato、ロシア語 zoloto、ギリシア語 χρύσος、サンスクリット hiranyam との類似が突きとめられる。語根は harat だったらしく、そこからサンスクリットで太陽や曙光の色をさす harit が生まれたのは、ちょうど aurum〔ラテン語「金」〕が aurora〔ラテン語「曙光」と同語根に由来するのと同様だ。鉄器のいくつかが平和的または戦闘的目的に使われて、元の名称を保ちつづけており、「斧」をさすサンスクリット parasu とギリシア語 πέλεκυς、「剣」をさすサンスクリット asi とラテン語 ensis が、じつによく似ているのは興味深い。

新たなアイディアはただちに根づくわけではなく、人の心には、できるだけ新たな信念に抗しつづける傾向がある。よって、こうした言語学的証拠にもとづきつつ、アーリア世界で知られる最古の諸語が誕生する以前の、つまりサンスクリットもギリシア語も生まれる以前の、最初のギリシア人たちが小アジアの岸辺にたどりつき、西と北にはるかに広がる海洋と土地を見て、それを「エウロパ」〔ヨーロッパ〕と呼んだ時より以前の、人類史の一時期の実際を証拠だてようと望むには、事実を少しずつ注意深く蓄積するしかない。もう一つ、存在しなかったことが重要となる、別の証拠を検討してみよう。この早期のうちに、アーリア種族の祖先たちはアジアのもっと中央部を占めていたに違いなく、そこから南方分派はインドへ、北方分派は小アジアとヨーロッパへ広がった。したがって、彼らは分離以前に海の存在を知っていたはずがなく、よって我々の理論が正しければ、海の名称は後に発展したのでありアーリア諸語で異なるに違いない。そして、この予想は充分に確かめられる。実に、同一名称はギリシア語とラテン語には見られるが、アーリア語族の北方・南方分派には見られないのである。さらにこれらギリシア語・ラテン語の名詞にしても、明らかに比喩的な表現なのだ――それは古代語に存在し、この新事象に移された名称なのである。Pontus と πόντος は、ホメロスが語る「海路《ヒュグラ・ケレウタ》〔字義通りには「水の路《みち》」〕」と同義で、海を意味している。Pontus は、pons、pontis および、サンスクリットの pâthas は無関係にしても pantha と同源に由来する。海は障害物ではなく、交易や移動にとって他のどんな路より有用な交通路と呼ばれた。クルティウス教授[68]がいみじくも指摘したように〈原註19〉、πόντος ἁλὸς πολιῆς〔灰色の塩水の路〕とか θάλασσα πόντου〔路たる海〕といったギリシア語表現は、ギリシア人の間でも πόντος の原義が意識されていたことを示す。サンスクリットの salila、ラテン語 sal、ギリシア語 ἅλς、ἁλός といった語〔いずれも「塩」の意〕は、初期アーリア人の間に海が知られていた証拠として引きあいに出せない。彼らは塩の利用を知っていたかもしれないが、ἅλς、sal、salila によって証明できるのは、それがすべてだ。これらの語を海に適用したのは、後世になってからである。同じことは、ラテン語の aequor やギリシア語の πέλαγος といった語にもあてはまる。θάλασσα はすでに、海の荒波〔「ポセイドンは海をかき回した」ἐτάραξε δὲ πόντον Ποσειδῶν〕[69]を表す θάρασσα ないし τάρασσα の方言形と立証されている。もしラテン語 mare がサンスクリットの vâri は海でなく水一般を意味するから、全アーリア種族はおのおの海の名称を定める必要に迫られた時、一般的意味の語を適用したという事実を、強固にするにすぎない。しかし mare は死せる水、つまり停滞した水の名称である可能性の方が高く、それはサンスクリット maru「沙漠」が mri「死ぬ」から派生したのと同様で、ゴート語 marei、スラヴ語 more、アイルランド語 muir と同一とはいえ、これらの語すべてが海洋に適用されたのは、後代のことである。しかし、海はアーリア諸族の共通言語が多様な言語に枝分かれする前には、まだ到達されていなかったが、航行術は既知だった。櫂や舵の語はサンスクリットまで溯れ、舟の名称はサンスクリット (naus、nâvas) でも、ラテン語 (navis) でも、ギリシア語 (ναῦς) でも、テュートン諸語（古高ドイツ語 nacho、アングロ・サクソン語 naca) でも同一である。

以上に集成され、もし紙幅が許すなら格段にふやせたであろう〈原註20〉証拠を見るなら、これらの語はかつて、歴史家が近年までユダヤ人の聖典[70]の権威にもとづく以

68　一八二〇—八五、ドイツの言語学者。
69　ホメロス『オデュッセイア』第五歌二九一節。

外、ほとんど描き出そうとしてこなかった時代に、ある単一の種族によって現に話されていた一言語の断片であると、感じずにいられない。けれどここには、その遥かな時代の遺物がある。我々はアーリア種族の父祖たちが用い、音声的作用により変化されたにすぎない、同一の単語を用いている。否、我々は思考と発話において、フランス人やイタリア人が古代ローマ人を身近に感じるのと同じくらい、彼ら父祖を身近に感じる。アーリア種族の拡散に先だったに違いないその時代の現実味についてさらなる証拠がほしいなら、その時代を特徴づける、長期にわたる知的生活の見まがうことない確証として、アーリア語の数詞を引き合いに出そう。そこにあるのは十進計数法で、おそらく人間精神の最もすばらしい達成物の一つであり、数量の抽象概念にもとづき、哲学的分類の精神に規制されているが、ヨーロッパの地にギリシア人・ローマ人・スラヴ人・テュートン人が足を踏み入れる以前に、案出され成熟され完成されていた。このような体系は大変小さな共同体においてのみ創出されたはずで、最初にアーリア語の一から百までの名称を造り出し採用した者たちの間で、習慣的に用いる合意が認められる必要があったろう。もし現時点で突然、一・二・三を指す新たな名称を発明するよう求められたと、できる限りの想像を働かせてみるなら、これらの名を造り定めるのはどれほどの仕事だったか、感得できよう。物体には、新たな表現をたやすく与えることができる。それらは常に、言語が比喩としてか遠回しでか、与えることのできる何らかの属性を持っているからだ。我々は海を塩水《ソルト・ウオーター》と呼んだり、雨を天水《ウォーター・オヴ・ヘヴン》と、河川を地の娘《ドーターズ・オヴ・ジ・アース》らと呼んだりできる。

数はしかし、その性質からして、抽象的かつ空虚な概念である。よって、創意を最大限に試し、それらに何らかの属性要素を見出させ、それに表現を与えることで、時とともに単なる数量観念の固有名となるのだ。一と二にはさほど困難はないだろうから、これら二つの数詞は、アーリア語族で一つ以上の名称を得ている。しかしこのことはまた、異民族が同じ数に別の名を用いたなら、それら名称の目的が台なしになってしまうから、新たな困難を生むだけだろう。もし五の数が、ひらいた掌を意味する語で表現され、また単に指の複数形でも表された場合、これら二つの同義語は、思っていることを伝え合う目的には役立たなくなる。さらに、もし手や足の指を意味する語が五と十の両方を表すのに用いられたとしたら、同じ語を違う意味で用いる個人間の交易はすべて、不可能になってしまっただろう。したがって、一・二・三・四などを表す一連の語を造り定めるために、アーリア種族の祖先たちは、各数に一つの語だ

70　ヘブライ語聖書。

けを用い、各語に一つの意味だけを結びつけるという公的合意に達する必要があった。これは他の諸単語にはあてはまらず、古代のあらゆる言語を特徴づけている大量の同義名称《シノニマス》や複数名称《ポリオニマス》が見られる結果となった。文語的用法でも俗語的用法でも言語を摩耗させることのみにより、この初期の数詞発展における余剰を削減し、各対象に一つの名称だけを与え、各名称に一つの意味力だけを与えたのである。そしてこれら全てが、アーリア語の数詞についてはギリシア語がギリシア語となる以前に達成されたに違いない。そうしてのみ、次表〈表7〉に示される一致を説明できるからだ。

フランス語・イタリア語・スペイン語・ポルトガル語・ワラキア語間の数詞の一致を、ラテン語の共通型由来と認めなければ説明できないなら、古代数詞の比較によっても同様の結論を強いられる。それらは既存のものとして、サンスクリットもウェールズ語も派生することとなった当の言語内に存在したに違いない。ただしそれは、百までである。千はさほど早期には表現されなかったので、千を指す名称は異なる。とはいえ、その相異によってもアーリア種族のその後の歴史にさらなる示唆を与えてくれる。サンスクリットとゼンド語は千を指す名称

ゴート語
ains
tvai
threis
fidvôr
fimf
saihs
sibun
ahtau
niun
taihun
ain-lif
tva-lif
tvaitigjus
taihun taihund
thusundi

表7

	サンスクリット	ギリシア語	ラテン語	リトアニア語
一	ekas	εἷς(οἴνη)	unus	wienas
二	dvau	δύω	duo	du
三	trayas	τρεῖς	tres	trys
四	*k*atvâras	τέτταρες (アイオリス方言 πισυρες)	quatuor (オスク語 petora)	keturi
五	pa*n*ka	πέντε	quinque (オスク語 pomtis)	penki
六	shash	ἕξ	sex	szeszi
七	*s*apta	ἑπτά	septem	septyni
八	ash*t*au	ὀκτώ	octo	asztuni
九	nava	ἐννέα	novem	dewyni
十	da*s*a	δέκα	decem	deszimt
十一	ekâda*s*a	ἕνδεκα	undecim	wieno-lika
十二	dvâda*s*a	δώδεκα	duodecim	dwy-lika
二十	vi*n*sati	εἴκοσι	viginti	dwi-deszimti
百	*s*atam	ἑκατόν	centum	szimtas
千	*s*aha*s*ram	χίλιοι	mille	tukstantis

を共有するが（サンスクリットsahasra、ゼンド語hazanra）、このことから、南方分派が北方分派から切り離された後にも、バラモン教徒とゾロアスター教徒は共通言語の紐帯により、しばらくは結びついていたことがわかる。ゴート語thusundiと古プロシア語tûsimtons（対格）、リトアニア語tukstantis、古スラヴ語tüisastaの一致からも同じ結論が引き出されるが、ギリシア人とローマ人は残るすべての諸族から離れ、それぞれ独自に千を指す名称を形成したようだ。

そして、さまざまな民族の分離に先だったこの最初期こそ、私が「神話制作」時代と呼ぶものである。というのも、これらアーリア諸語に共通の語はどれも、ある意味で神話だからだ。これらの語はすべて、元来は普通名詞であった。それらはある事物に特徴的と見られた多くの属性のうち一つを表現したもので、これら属性を選んで言語に表したということは、現代語がすっかり失ってしまった一種無意識の詩文を示している。

言語は化石化した詩文と呼ばれてきた。しかし、芸術家がそのこねている粘土中に有機生命の遺存体が包含されているのを知らないように、我々もまた、父に呼びかけるとき彼を保護者と呼んでいるとは感じないし、ギリシア人も δαήρ「義理の兄弟」という語を用いる際、その語が元来は夫の弟たち、つまり兄たちが田野や森林に出ている間、花嫁とともに留守番していた者たちに適用されたものだったとは、知るよしもなかった。サンスクリットの devar は元来「遊び仲間」を意味し、固有の物語をかたっていた——それは神話であった。しかしギリシア語においてそれは単なる名詞へ、専用語へと縮小してしまった。とはいえギリシア語においてさえ δαήρ の女性形を造ることが許されなかったのは、ちょうど今日 daughter の男性形を造ろうなどとしないのと同様だった。

けれど言語は間もなく語源意識を失うので、ラテン語には vidua「夫無き」(「ペーネロペーは長いことああしてひとりで、夫なしに暮らしていた」Penelope tam diu vidua viro suo caruit[71]) のみならず viduus という形も見出される。これは語源を分析するなら、テュートン語の widower〔寡夫〕と同様、馬鹿げた形成物だ。しかし、古ラテン語 viduus はローマの外に寺院を有していたオルクス (Orcus)[72] の名で〈原註21〉、ラテン語 vidua がいくらよく似ていても、動詞 viduare〔奪い去る〕が vidua 由来で、後により一般的な意味をもつ新たな形容詞が造られたため、ローマ人の耳に viduus は privatus〔奪い取られた〕程度の意味しか持たなかった、とでも認めない限り、本当にサンスクリット vidhavâ にあたるか疑わしいことは、告白しないといけない。

しかし、次のように問うてよかろう。アーリア諸語が古代名称というこの至宝を共

71　プラウトゥス『スティクス』第一行。
72　冥界の神。

有しているという事実、あるいはこれらの名称すべてが元来は表現能力と詩的活力をもっていたという発見すらも、この語族の成員すべてに神話的言語が現れたことを、どのように説明するのか？　神々や英雄、ゴルゴンやキマイラなど、人間が目にしたこともなく、健康な状態にある人間精神がかつて考えつきもしなかった事物について、異常な物語を生みだした人類精神のあの段階は、どうしたら理解可能になるのか？

この問いに答える前に、語の形成について、もういくらか予備的観察に入らねばならない。これは冗長に思われるかもしれないが、こうした考察に取り組んでいるうちに、神話の霧はしだいに霽《は》れてゆき、思考と言語の黎明にただよう雲の後ろに、神話がこれほど長いこと覆い隠し、人を偽ってきた真の本性を発見させてくれるだろう。

ここまで検討してきたアーリア共通の語はすべて、はっきりとした事物を指し示すものだった。それらはすべて、実在《サブスタンシャル》の物、感官の知覚に開かれた物を表現する限りにおいて名詞《サブスタンティヴ》である。もともと事物以外のものを名詞として、性質以外のものを動詞として表現することが、言語の力にそなわっているわけではない。したがって、これほど早期の状態にある言語に与えうる唯一の定義とは、全感覚で受けた印象を音声で意識的に表現したもの、ということになる。

抽象名詞は、我々にはあまりにも親しいものだから、それらを形成するのに人が経験した困難をなかなか認められない。抽象名詞のない言語など想像もできない。けれど今日話されている言語の中にも抽象名詞をもたないものがあるし、言語の歴史を溯れば溯るだけ、これら有益な表現の数は少なくなるのがわかる。言語に関するかぎり、抽象語とは名詞《サブスタンティヴ》へと高められた形容詞にすぎないが、思考においてはある性質を事物として把握するのは非常に困難であり、厳密に論理的用語をもちいるなら、不可能である。「私は美徳を愛する」と言う場合、美徳に何か特定の概念を結びつけることはほとんどない。美徳とは、存在物ではなく具体物でもない。個物でも人物でも動く物でもなく、それ自体我々の心に表現可能な印象を生みだす物ではない。美徳という語は簡略的表現にすぎず、人が初めて「私は美徳を愛する」と言ったとき、それにより元来意味されていたのは、「私は美徳的なるものすべてを愛する」ということだった。

しかし抽象的とは言えないが、元来も今日も同形態のものを指すような、別の単語が存在する。私が言いたいのは、昼と夜、春と冬、曙光と黄昏、嵐と雷などの語だ。というのも、我々が昼や夜、あるいは春や冬と言う時、いったい何を意味しているのだろうか？　季節、またはその他の時間単位と答えるかもしれない。しかし我々の概念において、時間とは何だろうか？　それは実在《サブスタンシャル》でもなければ個物でもなく、言語により事物《サブスタンス》へ高められた一性質である。したがって「日が明ける《ザ・デイ・ドーンズ》」「夜が近づく《ザ・ナイト・アプローチズ》」と言う場合、動作できない事物に動作の述語を付しており、論理的に分析するなら、定義可能な主語をもたないような文を述べているのである。

同じことは集合語、たとえば天や地、露や雨、川や山にさえあてはまる。「大地は人を養う」と言う場合、触れうる土地を言っているわけではなく、全体として把握された大地を意味している。また天と言った場合、目に見わたせる狭い地平線を言っているのでもないからだ。そこでは感覚によりとらえきれない何ものかを想像しているのだが、それを全体と呼ぶにせよ、力ないし観念と呼ぶにせよ、それについて語る際には、知らず知らずのうちに個別な事物へ変えているのである。

さて古代語において、これらの単語はいずれも性別を表す語尾を必要としたので、これが自然と、対応する性別の観念を人の心に生みだすこととなり、個別性だけでなく性別をも受け取ることになった。男性か女性でない名詞は存在しなかったのであり、中性は後代に発達したものだし、もっぱら主格においてのみ区別可能であった。

このことの結果は何だったか？　人々が言語で思考するかぎり、朝や夕について、春や冬について話すのでも、これらの概念に何かしら個別的、動作的、性別的、そして最後に、人格的性格を与えることなくしては不可能であった。それらは我々〔近代人〕の枯れしぼんだ心にとってそうであるように無機物であるか、でなければ何ものかであった。そしてそうなれば、それらは単なる力としてではなく、力ある存在物としてとらえられたのである。現代でさえ、我々は力としての自然という概念をもっているが、力ある何ものかという以外、力と言うことで何を意味しているというのか？　さて、初期の言語において自然は「ナトゥラ Natura」と言って、名詞化された形容詞にすぎず、彼女こそは常に「産み出してゆく」太母であった。これは我々が自然と結びつけているものより、より具体的な観念ではなかったか？　ここで現代の詩人に目を向けよう――今なお言語において考え、感じている者たち、すなわちいかなる語でも、胸中でそれに生命を与えることなしには用いず、言語を粗末にしない、その意味で神話家《ミュトロゴイ》と呼べる者たちに。彼らは自らの感覚に背くことなく、自然やそれに類する事物を中性的諸力として語れるだろうか？　ワーズワース[73]を繙《ひもと》いてみるなら、彼が血肉のない抽象語を用いているのを、ほとんど見出すことができない。

73　一七七〇―一八五〇、英国の詩人。

「宗教」
聖なる宗教よ[74]、形式と恐怖の母にして、
無常の敬意に満ちた恐るべき女子仲裁人は、
古き儀式が破壊される時、その新しきを制定し、
移り気な崇拝者を喜ばせることは、もはやしなくなるのだ。[75]

「冬」
人間は、自身の衰退を愚かしく回想する姿を
喜びをもって見つめながら、冬将軍を
一人の年老いた旅人として描いた。
この老人は杖に身をもたせ、陰鬱な日がな一日、
頭巾つきのマントをまとい、原野の上を片足をひきずり歩いている、
あたかもその弱い体が苦痛のため乱されるように。
それとも、もっともらしい空想が、
眺望の明白なしるしを許すとすれば、
選ばれた帝王の笏《しゃく》は、

麻痺した掌中おぼつかなく握られた、枯枝のようだ。
これらのシンボルは、絶望し失意せる者らにお似合いだ、
強力な冬将軍は、こんな巧妙なからくりを嘲笑うだろう。
なぜなら、そうしたのは冬将軍だったのだ——その軍勢が
狂気の野望の実らぬ目的を、ポーランド人の地から退いた時、
その前衛に、おどろしい網を投げかけて、
彼らを包囲したのは、あの物凄い冬将軍だった！
あの軍勢は、神をものともせぬほど常に巨大、
かつ強力で、人間の自尊の上に信を置いたのだ！
父が刃向かう息子を罰するごとく、
冬将軍は、若き戦士らの花を散らし、次に、
霜翁の冷酷無比な歯に訴えて、
人間のもっとも強く支える生命を食い尽くせと要求した……。

74　「宗教」は女性名詞。
75　「シーズウェイト礼拝堂」一八二〇年の冒頭部分。

……そして雪大将には駿馬らの広い背にまたがり、
　戦場に駆り出させた。[76]

また、「老齢と時刻」については、

老齢よ！　その顔をあざやかな春の草花にからみつかせ、
笑いさんざめく時刻のお伴を呼び出し、
踊りを命じ、歌を命ぜよ。
そして汝もまた、その輪に加わるがいい！[77]

さて、これらの詩節を書きながら、ワーズワースは古典のホーラたち[78]を考えていたとは思えないが、踊る時間という観念は、彼の心にも古代の詩人の心にも同様に自然なものとして浮かんだのだ。

さてまた、「嵐と季節」についても、

汝ら嵐よ、汝らの王を称賛して轟《とどろ》きわたれ！
そして汝ら穏やかな四季よ――晴れ上がった天候の中、
高い丘の中腹で、父なる時間が
楽しく見つめているとき、――宴の輪に入り、
声高らかに、冬の勝利を長々と歌うがよい！[79]

これは詩文的語法と呼ばれ、誇張された言語として受け止められるのが常である。しかし詩人にとっては誇張などではなく、それは古代に言語を用いた詩人たちにとっても同じだった。韻文は散文より古くからあり、詩人の自然との共感を豊かに表すには、抽象的語法の方が困難だった。自然からその生き生きした表現を奪いとってしま

76「ロシアのフランス軍」一八一二―一三年より。一部省略あり、強調はミュラーによる。
77「ジェドバラの婦人とその夫」一八〇三年の冒頭部分。強調はミュラーによる。
78 ギリシア神話で、季節と秩序の女神たち。舞い踊る三人の美しい乙女の姿で表される。
79「同じ機会に」一八一六年。先の詩「ロシアのフランス軍」に続けて発表された。強調はミュラーによる。

い、早駈ける雲に単なる水蒸気の発散しか見ず、眉をひそめた山々に石の塊しか見ず、稲妻に電気の火花しか見ないようにするには、沈思熟考が必要とされる。ワーズワースは次のように叫ぶとき、発言したそのままを感じているのだ。

山々よ、谷間よ、奔流よ、汝らに願う、
正しき嫌悪の熱情に燃えよと。[80]

そして彼が「沈む太陽と対話する最後の丘[81]」について語るとき、この表現は大自然と心を通わせることで浮かんだものだ。それは我々のやせ衰えた慣用的な散文語法にはいまだ翻訳されていない思考だが、古代人ならふだんの会話でも臆することなく用いた思考であった。

この現代の古代人には、まったくの神話と言えるような詩がいくつかあり、以下でそれらに言及するであろうから、もう一つ抜粋を掲げたいと思うが、我々よりもインド人や古代ギリシア人の方が、これをよりよく理解できるだろう。

陰鬱な夜を征服する東方の者よ、万歳！

汝はいかに無神経で粗野であろうと、
人の心に至福の感謝を与えてくれる。
汝の約束をたがえぬ訪れが、
王侯らの住まう気ままな塔を打ちのめそうが、
また汝、公明正大なる太陽よ、その明るい顔で
百姓らの貧しき小舎を声援しようと！
私はこの上なく悦びに満ち、汝が赤裸の輝きの中、
霧と靄から放たれ、陽光を逸らそうと近づく雲も
ものとせず、空へ昇るのを見る。
それらが厳冬のさなか、
大胆に目をこらそうとする視線をくらませ、
汝の強力と威厳とを試そうとしても。
汝の姿は、この日の到来を充分よく先ぶれしている、

80　無題で「山々よ、いにしえ汝らは誇り高かりき」に始まる詩（一八四四年）の最終二行。
81　連作「土地の名づけに関する詩」一八〇〇年の第三連に見える表現。

それとともに、
　神の定めたもうたあの黄道に、
汝をつなぐ鎖によって、
　そのつつましい歩みは正されて、
ついには天も地も、汝もろとも没してゆく！
またそれに劣らず、霜ふる原野の静けさ——
まったき静謐《せいひつ》、雪をかぶった
幻のごとき山頂の無音の優美、
（その静寂の威風と曇りなき純潔は
　麓《ふもと》を歩む我々に
　嵐の去ったことを告げているが）——
これらもまた、この一日の礼拝に協力している。
死すべき人間のかざされた目など、
眺めも及ばぬ至聖なるものよ、
汝は、雪つもる丘の上にも穏やかな光を注ぎ、
つましき谷間をも決して忘れてはいない。

地上あまねき沃土をあたため、
いにしえの信仰あつき人々により、豊かな恵みをこの上なく
　慕われていた汝よ、
心を奮起させる太陽よ、もう一度、汝に万歳を唱えよう！
汝の道行きが今日も輝くように――この期待が失われぬように！[82]

では、我々自身が太陽や嵐について、眠りや死について、大地や夜明けについて語る際、これらの名称と何ら特定の観念を結びつけないか、あるいは古詩の流れる影を心に投じるにまかせるか、どちらかであるのは何故なのか？　そして、人の心に生来そなわった温もりをもって風や太陽に、海や天空に、あたかもそれらがなおも人の声を聞いてくれるかのように呼びかけるのは、何故なのか？　また感じ表す心がこうした物や力に対し、人の姿とは言わないまでも、少なくとも人の息吹を与えることなくしては表現できないとしたら、どうして驚くことがあろうか。古代人がその生命に脈打ち色彩に溢れた言語によって、我々現代の思考がえがく灰色な輪郭とは違い、人の

82　「頌詩――一八一六年一月一八日、一般感謝祭に定められた日の朝」第一連全体。

力に、否、人力を超えた力に満たされたものとして――とのつまり、太陽の光は人の眼光より明るく、嵐の咆哮は人の叫び声より騒がしいのであるから――、これら自然の生ける形を語り出したことに？　我々は雨や露、嵐や雷の生じ方を説明できるかもしれないが、人類の大多数にとってこれらすべての物は、単なる名称でないなら、いまだホメロスにとってそうであったような物であり、ただ美感や詩情や活力や生気において、劣っているだけなのかもしれない。

以上、集合観念・抽象観念について語る際、人間精神が経験する特殊な困難について見てきた。後述するように、これは神話の難しさの多くを説明してくれる困難である。

抽象動詞

ここで、古代諸言語における類似した特徴、すなわち助動詞について考えねばならない。助動詞は、名詞中の抽象名詞と同じ位置を、動詞中で占めている。それらは後代に生じたもので、元来はすべて、もっと具体的に何かを表現する性格を持っていた。そして、現代の抽象的散文によく合致した、枯萎し生気を失った形に到達する以前は、長きにわたる栄枯盛衰を経ねばならなかった。動詞 habere〔ラテン語〕は、今ではj' ai aimé〔フランス語〕「私は愛した」のように、全ロマンス語で単に過去時制を表するのに用いられるが、元来は派生語 habena「手綱」に見られるように、「握る、摑む」という意味だった。同じく tenere〔ラテン語〕「摑む」はスペイン語では、habere と非常によく似た用い方をする助動詞になっている。ギリシア語 ἔχω はサンスクリットの sah で、もとは「強い、能力ある、できる」を意味した。ラテン語 fui「私は〜であった」、サンスクリット bhû「〜である」はギリシア語 φύω に対応し、自動詞・他動詞における「成長し、させる」という本来的・具体的な意味力をいまだに示している。「私は〜である」を意味するサンスクリット as-mi、ギリシア語 ἔμ-μι、リトアニア語 as-mi の語根 as はおそらく別の語根 âs と関連し、こちらはギリシア語 ἧσ-ται、サンスクリット âs-te に見られる。stare〔ラテン語〕「立つ」は、ロマンス諸語では単なる助動詞へ沈降し、たとえば j'ai été〔フランス語〕「私は〜だった」とは habeo statum〔ラテン語〕「私は立った」であり、j'ai été convaincu とは「私は説得されつつ立った」である。statum から été への音声変化は、status から état への変移により支持される。

ドイツ語 werden は未来形と受身形を造るのに用いられるが、ゴート語 varth であって、サンスクリット vrit、ラテン語 verto へ溯る。He will go における will も願うという根本的意味を失ったし、同時制 I shall go で用いられる shall は語源学者にさえ、その原意が法的・道徳的義務だったとは分からなくなっている。けれどもドイツ語の schuld は負債や罪を意味し、そこでは soll は単なる時制表現にはまだなっていないのだが、その最初の証跡は、テュートン諸族における運命の三女神《パルカイ》の名に見出される。彼女らはヴルド（Vurdh）、ヴルダンディ（Vurdhandi）、スクルド（Skuld）つまり過去、現在、未来と呼ばれるのだ〈原註22〉。しかし、それが最初に適用された時点ですでに、道徳的責務や法的義務という抽象的意味を有していた動詞本来の概念は、どんなものだったのか？　その名詞や動詞の在庫をふやすのに、具象界だけに頼らざるをえなかったような言語が、「彼は払うがよい（He shall pay）」とか「彼は護るべきだ（He ought to yield）」といった抽象観念に似た何ものかを、どこに見出したというのか？

　グリムはドイツ語をその最奥処まで追究することに努め、この動詞の説明を提案しており、それは一見したところ奇異で信じがたく思われるかもしれないが、真剣な考慮に値する。

　Shall とその過去形 should は、ゴート語では次の形をもつ。

現在形	過去形
skal	skulda
skalt	skuldês
skal	skulda
skulum	skuldedum
skuluÞ	skulduÞ
skulun	skuldedun

ゴート語でこの skal という動詞は現在形のようだが、古くは完了形だったことが証明でき、それはギリシア語の οἶδα といった完了形が、形こそ完了だが現在形の効力をもつのと似ている。ドイツ語には同じ性格をもつ動詞がいくつかあり、それらは英語では、三人称現在形の語尾 s がないことでそれと分かる。よって skal はグリムによれば「私は負う、私は拘束されている」を意味するが、本来は「私は殺した」を意味した。古代テュートン法により罰せられた主要な罪は人殺しの罪であり、多くの場合、それは科料により贖われた。そこから skal は字義通りには「私は有罪である(ich bin schuldig)」を意味したが、後にこの完全表現が法的語句へ磨滅されると、「私

は自由民、農奴を殺した（I have killed a free man, a serf)」すなわち「私は自由民、農奴殺しの罪を負う（I am guilty of a free man, a serf)」、そしてついには「私は自由民、農奴に（殺しの科料を）負う（I owe〔the fine for having slain〕a free man, a serf)」という新たな表現が可能になったのである。こうしてグリムは、より後世の、より異形の表現、たとえば「彼は払うべきだ（He shall pay)」つまり「彼は払う責務を負う（er ist schuldig zu zahlen)」、「彼は行くべきだ（He shall go)」つまり「彼は行かねばならぬ（He must go)」、そして最後に「私は退くつもりだ（I shall withdraw)」つまり「私は退くべきだと感ずる（I feel bound to withdraw)」を説明している。

このような意味の変化は、きっと乱暴で空想的に見えるだろう。しかし、自分たちの使っているほとんど全ての語を語源的に分析し、その歴史的発展をしだいに辿ってみれば、似たように変化したのが明らかになるのを考慮するなら、より進んでこの変化を受け容れたい気持ちになるだろう。「私は行く義務がある（I am obliged to go)」とか「私は支払うよう拘束されている（I am bound to pay)」と言う場合、これら表現の起源は、我々をはるか遠く、人が縛《いまし》められて行かされた（bound to go）時代、あるいは出頭させられ支払わされた（bound over to pay）時代へと連れ戻してくれるのを忘れてしまっているのだ。ラテン語でHoc me fallitとは「それは私を欺く」「それは私を逃れる」の意味である。後にこれは、「それは私から取り去られている」「私はそれが欲しい」「私はそれを持たねばならぬ」という意味をとるようになり、そこから il me faut〔フランス語〕「私は～ねばならぬ」が生じた。また、「私は～してよい（I may）」はゴート語で、

mag, maht, mag, magum, maguþ, magun

である。その原初的意味は「私は強い」であった。さて、この動詞も元来は過去形であり、「子をもうける」を意味する語根に由来していて、そこからゴート語 magus「息子」つまり「生まれた者」、スコットランド語 mac、ゴート語 magaths「娘」、英語 maid が生じた。

後の神話的語法

神話的言語においては、単なる補助語がないことに、しかるべき考慮を払わねばならない。名詞であれ動詞であれ、どの語も、神話制作時代にはまだその本来の完全な

活力を有していた。単語には重みがあり、おいそれと動かせるものではなかった。それらは語るべき以上のことを語っていたため、そこから神話的言語の奇異の多くが生じたのであって、言語の自然な発展を観察することによってのみ、それらは理解できる。我々が曙光の後につづく太陽と言うところを、古代の詩人らは曙光を愛し抱く太陽とのみ語り、思考できた。我々における日没は、彼らには老いて衰え死する太陽であった。我々の日の出は、彼らには夜が輝ける子を産むことであった。そして春には、彼らは実に、太陽か天空が大地をあたたかく抱き、自然の膝下に宝玉の雨を降らすのを見たのである。

　ヘシオドスには後世にできた多くの神話があるが、そこに見える完全動詞を助動詞によって置き換えるだけで、神話的言語を論理的言語へ変換することができる。ヘシオドスはニュクス（夜）を、モロス（運命）と暗きケル（破壊）の母にして、タナトス（死）とヒュプノス（眠り）とオネイロス（夢）族の母と呼んでいる。[83] そしてこの子らを、彼女は父なくして産んだと言われている。また彼女はモモス（非難）と悩める《ウオウフル》オイジュス（苦悩《ウオウ》）の母にして、名高きオケアノスの向こう側になる美しき黄金の林檎と、実をなす木々を守るヘスペリデス（宵の星々）の母とも呼ばれる。彼女はまたネメシス（復讐）、アパテ（欺瞞）、ピロテス（愛欲）、滅びゆくゲラス（老齢）、勝ち気なエリス（争い）をも産んだ。さてここで現代的表現を用いて、「夜になると星々が見える」「我々は眠る」「夢をみる」「死ぬ」「夜間に危険を冒す」「夜の宴は争いや口論や苦悩につながる」「夜を重ねると老年に、ついには死に至る」「初め夜闇に隠されていた悪行は、やがて白日のもとに曝される」「夜自身が罪人に復讐する」などと言えば、ヘシオドスの言語、すなわち彼が語りかけた人々には大部分理解できた言語を、現代的思考と話法に翻訳したことになる〈原註23〉。これはどれも神話的言語というより、むしろ古今の詩人たち誰にも知られていた詩的ないし慣用的表現であり、一般人の言葉にもしばしば見出されるものだ。

ヘシオドスの言葉では、ウラノスは天の名として用いられている。彼は「幸《さきわ》う神々の揺ぎない御座となるようにと〈原註24〉造られ、ないし生み出された。ウラノスはすべてを覆い（一二七行）、夜を率いて来ると全体に広がり大地を抱く（一七六―一七七行）、と二度言及されている。これによれば、ギリシア神話はいまだウラノスの語源的活力の記憶を保存していたように聞こえなくもない。というのもウラノスはサンスクリットのヴァルナ（Varuna）で、これは語根VAR「覆う」から派生しているか

83　『神統記』一一一―一一五行。

らだ。ヴァルナは『ヴェーダ』でも天蓋の名称だが、とりわけ夜と結びつき、ミトラ(Mitra)すなわち昼に対置される。いずれにせよ、ウラノスの名はギリシア人たちにその通常の意味をいかほどか想起させたのであり、彼がアポロンやディオニュソスの名とは異なり、星空《アステロエイス》とも呼ばれたのを見るなら、ギリシア人にとって「ウラノス、ニュクス、ヒュプノス、オネイロス（天、夜、眠り、夢）はゼウスやアポロン同様、人間であった」というグロート氏の言は、我々には信じがたい。ヘシオドスをもう何行か読み進めるだけで、ウラノスを初産児とするガイアの子らが、オリュムピアの神々のほとんどの原性格を知りがたく、また疑わしくしている神話的人格化ないし結晶化には、まだ到達していないことがわかる。序詞で詩人は詩歌女神《ムーサ》たちに、「神々と大地、諸《もろ》河と涯《はて》しなき海、輝く星たち、そして高く広がる大空（οὐρανὸς εὐρὺς ὕπερθεν）は初めいかにして生まれたもうたか」〔一〇八―一一〇行〕を問うた。『神統記』の詩全体はこの問いへの答えなので、これに続く名称の内に、大地や河川や山岳といった実在物の単なる詩的概念のみをギリシア人が見ていたことは、ほとんど疑えないのだ。ウラノスはガイアの最初の子であり、後に人間の感情と属性を与えられて神格に高められるが、ガイアの次の子である高い山々《ウーレア・マクラ》は、言語においてすら中性で表されるので、ゼウスやアポロンのような人間と見なされているとは到底言えない。

ギリシア神話全体における字義通りの意味ばかりをグロート氏が強調するのは、行き過ぎである。神話的に言い表された形象は、ギリシア語ではかなり後世まで残り、完璧に理解されていた――つまり、それらは我々の「日が沈む」「日が昇る」といった表現同様、ほとんど説明を要しなかったのだ。グロート氏はこのことを認めざるを得ないと感じてはいるが、そこからさらなる結論を引き出そうとはしない。彼は言う、「これらの人物にあてられた属性や行為のいくつかは、しばしば寓意により説明可能だが、彼らの系列・体系全体はそうではない。この説明法を採る理論家は、単に一、二歩すすんでみるなら、明らかにその道はもはや行き止まりで、あとは根拠なき推論や臆断によって自ら道を切り拓かねばならない、と悟るのである」。このように、ここでグロート氏は、彼の言う寓意が神話の一要素であることを認めている。ところが彼はそれ以上これを利用せず、神話全体を解きえず解くべからざる謎として、非合理なものとして――かつて現在したことなき過去として放置し、ギリシア人の精神史におけるこの重要問題について、部分的説明を試みようとすらしないのである。これほど科学的勇断を欠いてばかりいたなら、その後完成を遂げたが初めはおずおずと不確実な歩みを進めねばならなかった多くの学説は、停止させられてしまったことだろう。古代を扱う学問ではかなりの物事を無視することに慣れねばならず、スエトニウスが文法家について述べた「よき文法家たちにも分からぬことはある（boni grammatici est nonnulla etiam nescire）」という言葉は[84]、とりわけ神話学者にあてはまるのである。全名称の秘密を解き明かそうとするのは無益であるし、比較神話学にとって最も永続的な基礎を築いた本人以上に、このことを遠慮がちに表現した者はいない。つまりグリムはその『ドイツ神話学』序文において、「私は解釈できるものはすべてしようと思うが、解釈したいものをすべてできるわけではない」と坦懐に述べている。しかしオトフリート・ミュラーがギリシア神話の迷宮に活路を開いたのは確かであり、グロート氏ほどの能力と才知を備えた学者であれば、それに続くことはできたはずだし、正否のほどはともかく、少なくとも試してみるべきであった。

神話的言語がどれだけ後世までギリシア人の間で盛行していたかは、O・ミュラーによりキュレネ神話において示された（［*Prolegomena zu einer wissenschaftlichen Mythologie*］六五〔正しくは六三頁〕）[85]。リビアのキュレネにギリシア人の町が創設されたのはオリュムピア紀三七年だが、支配者種族はミニュアス人出身で、主にテッサリア南部のイオルコスを領しており、植民地建設はピュトにおけるアポロン神の神託によるものだった。そこから次のような神話が生じた。「ヒロインのキュレネという少女はテッサリアに住んでいたが、アポロン神に愛され、リビアに運び去られた」。これを現代の言語でなら、次のように言うだろう。「キュレネの町はテッサリアにあったが、アポロン神の庇護のもと、リビアに入植者を送った」と。より直截的な動詞に単に置き換えるだけで、神話がたちまちその奇蹟的装いを剝ぎ取られるような例は、さらに多数挙げられよう〈原註25〉。

カウノスはミレトスの息子と言われるが、これはつまりミレトス出身のクレタ人入植者たちがリュキアにカウノスという町を建設したということだ。さらに、神話によればカウノスはミレトスからリュキアへ逃げ、その姉妹ビュブロス〔ふつうビュブリスと称する〕はいなくなった兄弟を悲しんで泉に変身した。イオニア地方のミレトスの方がクレタ島のミレトスより有名だったため、ここで誤解により混入し、ビュブロスはイオニア地方のミレトス付近にある小川になっている。さらにパウサニアスは、イオニア地方のミレトスはクレタ島のミレトスの植民地であり、美少年ミレトスはミノスの嫉妬を避けてクレタ島からイオニア地方へ逃れた[86]と、歴史的事実として告げて

84　正しくはクインティリアヌス『弁論家の教育』第一巻八章二一にもとづく。
85　テッサリアのニュンフ。
86　『ギリシア案内記』第七巻二章五節。

いる。しかし事実は、イオニア地方のミレトスはクレタ島のミレトスの植民地であり、ミノスはクレタ島で最も有名な王だったのだ。さらに、マルペッサはエウエノスの娘と称され、ある神話は彼女がイダスにさらわれたとして描くが、イダスはマルペッサの町の有名な英雄の名であった。神話に暗示されその他の証拠により確かめられる事実は、植民者たちがエウエノス川[87]から出発し、メッセネ地方[88]にマルペッサを建設したということである。そしてここへさらに神話が付け加えるところでは、イダスから娘を取り戻そうという試みが失敗に終わって後、エウエノスは悲しみのあまりミレトスの姉妹〔正しくは娘〕ビュブロス同様、川に変身したというのだ。

　ギリシア人《ヘレン》たちが自らのことを「土生まれの者《アウトクトネス》」と称するというなら、我々はこの表現によって意味されることが理解できるように思う[89]。しかし、テッサリア地方の最古名はピュラであり、ヘレンはピュラの息子であると知ったら、グロート氏であればこれは神話であり、ギリシア人は少なくとも、ピュラという人と、ヘレンというもう一人の人が実在したことを疑わなかった、と言うことだろう。さて、これは後代のギリシア人たとえばホメロスやヘシオドスについては正しいかもしれないが、もともとそうだったか？　もともとそうでありえたろうか？　言語は常に言語であるからには、常に本来は何ものかを意味したのであって、それが誰であれ、ギリシア人《ヘレン》たちを土生まれの者〔アウトクトネス〕と呼ばずに、初めてヘレンの母たるピュラについて語った者は、理解でき分別ある何ものかを言おうとしたに違いなく、ヘレンという名の友人のことや、ピュラという老婦人のことを言おうとしたはずはない。言おうとしたのは、技芸の母としてイタリアについて語られるのと同じことに外ならない。[90]

オトフリート・ミュラーが言及するのより後代になっても、「神話的に語ること」は詩人や哲学者の間で盛行していたことが分かっている。パウサニアスは「何でもかんでも系譜で結びつけ、ピュテスをデルポスの息子とする」者たちについて不平をこぼしている。[91]『パイドロス』において、エロスの物語は神話と呼ばれるが（μῦθος、254D〔正しくは241E〕）、λόγος、257B）、ソクラテスは「それは君が信じようと信じまいと、

87　ギリシア、アイトリア地方の河川名。

88　古代ギリシア、ペロポネソス半島の一地方。

89　アウトは「同じ」、クトネスは「土」。デウカリオンとピュラが大地の骨すなわち石を背後に投げ、そこからギリシア人の祖たるヘレンらが生まれた。

90　イタリアは技芸の故郷、テッサリア（ピュラ）はギリシア人（ヘレン）の故郷ということ。

91　『ギリシア案内記』第一〇巻六章五節。

かまわないものの一つだ（τούτοις δὴ ἔξεστι μὲν πείθεσθαι, ἔξεστιν δὲ μή）」〔252C〕と皮肉を述べている。また、エジプトの神テウト〔トート〕の話を語る際には、彼はそれを「むかしから伝わる話（ἀκοήν γ' ἔχω λέγειν τῶν προτέρων）」と呼んでいるが、それはソクラテス自身の創作であることをパイドロスはただちに知って、彼に向かい「ソクラテス、あなたはエジプトの話でもその他の話《ロゴイ》でも、楽々とこしらえるのですね」と言っている〔274C―275B〕。ピンダロスがアポパシス〔正しくはプロパシス（弁解）〕をエピメテウスの娘と呼ぶ時[92]、ギリシア人は誰でも、この神話的言語を「後知恵《エピメテウス》は弁解につながる」と言ったものと理解した〈原註26〉。否、ホメロスにおいてさえ、脚なえた祈願《リタイ》の女神たちが宿命《アテ》を宥《なだ》めようとして後を追うと言われている時[93]、ギリシア人はこの言語を、我々の言う「地獄への道は善意で舗装されている」[94]として理解したのである。

祈願《プレアーズ》の女神たちがゼウスの娘たちとされているからといって、まだ純粋な神話の領域に入ったとは言えない。というのもゼウスはギリシア人たちにとって祈願者の守護神《ゼウス・ヒケテシオス》であり、そこから祈願《プレアーズ》が彼の娘たちと呼ばれるのは、ちょうど我々が自由を英国の娘と呼び、祈り《プレアー》を魂の申し子と呼ぶのと同じなのである。

複数名称《ポリオニミー》と同義名称《シノニミー》

しかし、これらの言い慣わしすべては神話的とは言え、まだ神話そのものではない。話し言葉を参照してももはや解読できないというのが、真の神話の本質的特徴である。古代言語の可塑的特徴を、ここまで名詞や動詞の形成において辿ってきたが、これだけでは、神話がいかにしてその表現力や意識物を失ってしまったのかを説明するのに充分ではない。抽象名詞や抽象動詞形成の困難にしかるべき考慮を払ったところで、古代民族における寓意詩という以上の説明をすることはまだできず、神話は謎のままになってしまう。そこで今度は、古代言語の形成における今一つの強力な要素から助けを借りねばならないが、それに対し「複数名称」「同義名称」以上によい名を、私は見出せない〈原註27〉。見てきたように、たいていの名詞はもともと呼んだり示し

92　『ピュティア祝勝歌集』第五歌二八行。
93　『イリアス』第九歌五〇二―五〇七行。
94　「善意が不幸に終わることもある」という諺。

たりする語であり、ある事物の属性のうち当時もっとも特徴的と見なされたものを表すものだった。しかし、たいていの事物には一つ以上の属性があるし、異なる局面では何か別の属性の方がその名とするにふさわしく見える場合もあるため、たいていの事物は言語の初期において、必然的に一つ以上の名称を持つこととなった。時がたつにつれ、これら名称の大部分は無用となり、たいていは書き言葉の中で一つの固定した名称に取って代わられたのであり、これらをそうした事物の正式名称と呼んでよかろう。古い言語であればあるほど、同義語《シノニム》が豊かに保たれている。

同義語はまた、継続して用いられるならば、当然ながら多くの同音異義語《ホモニム》を発生させずにはおかない。太陽を、異なる性質を表す五十の名で呼ぶならば、それら名称のいくつかは、たまたま同じ性質を有する別の事物にも適用されるだろう。すると、異なる事物が同じ名で呼ばれることとなり、それらは同音異義語となる。

『ヴェーダ』において、大地は urvî（広大）、prithvî（広汎）、mahî（偉大）そのほか多くの名で呼ばれ、語彙集《ニグハントウ》は二一語に言及している。これら二一語は同義語である。しかし urvî（広大）は大地の名称に用いられるだけでなく、河川をも意味する。Prithvî（広汎）は大地だけでなく天空や曙光も意味する。Mahî（偉大、強大）は雌牛や言葉にも、大地にも用いられる。こうして、大地、河川、天空、曙光、雌牛、言葉は同音異義語になってしまう。しかしこれらの名はすべて、単純だし理解可能である。だが古語の多くは、若々しい詩文芸術が最初に開花した際に言語により放出されたものであり、奔放な比喩に基づいている。これらの比喩がひとたび忘れられたり、あるいは単語の由来した語根の意味がひとたび曖昧になったり変化したりすると、これらの単語の多くは当然ながらその根源的意味も、詩的意味も失ってしまう。それらは単に家族の会話内でのみ引き継がれる名称となってしまい、ことによると祖父には理解され、父には馴染み深くとも、息子には縁遠く、孫には誤解されてしまうかもしれない。この誤解はさまざまな仕方で起こりうる。ある語の根源的意味、すなわち元来呼び名だったものが忘れられるか、あるいは、この語の語源的意味での名前《ネイム》（生まれた者《ナートゥス》 natus〔ラテン語〕が知られた者《グナートゥス》 gnatus を指すように、名前《ノーメン》 nomen は gnomen すなわち「それにより知るためのもの quo gnoscimus res」を指す）が単なる音、この語の現代的意味における名前《ネイム》へ衰退してしまう、といった具合だ。こうしてゼウス（ζεύς）はもともとサンスクリットの dyáus 同様、天空の名称であったが、しだいに固有名詞となり、ものの呼び名としての意味は「天が雨ふらす《ゼウス・ヒュエイ》（ζεύς ὕει）」あるいは「寒空の下（sub Jove frigido）」〔ホラティウス『歌章《カルミナ》』第一巻一篇二五行〕といったいくつかの慣用的表現においてしか、分からなくなった。

ある語の真の語源的意味が忘却された後、現代語にも存在するある種の語源的直観により、しばしば新たな意味が付与されてきた。たとえば「光の息子《リュケゲネス》」という語からアポロンは光の女神《リュキア》の息子へと変化し、「輝ける者《デリオス》」という語によりアポロンはデロス島で生まれたという神話が生じたのである。

また、同一物に二つの名称が存在した場合、双方の名称から二人の人物が出現し、どちらについても同じ物語が語られたため、自然と兄弟姉妹あるいは親子として表されることもあった。こうして、セレネ「月」と並んでメネ「月」が見出されるし[95]、「太陽」にはヘリオスとポイボスがおり[96]、ギリシアの英雄はたいてい人間化されたギリシアの神々であり、多くの場合その神的原型が添え名として見られるのである。さらにしばしば起きたのは、ある事物に適用された語と結びついた形容詞が、異なる事物に適用されたにもかかわらず、同じ語に用いられたというケースである。海について言われたことは天についても言われ、太陽がひとたび獅子とか狼と呼ばれると、ただちに鉤爪やたてがみが付され、それは動物の比喩が忘れられても続いたのだ。こうして太陽とその黄金の光線は「金の手」と呼ばれ、「手」が「光線」と同じ語で表現されることもある。しかし同じ添え名がアポロンやインドラに適用されるや、ドイツやサンスクリットの神話に見られるように、インドラは片手を失くし、黄金製の手を代わりに付けられたと語る神話が発生することになった。

ここに神話学の鍵がいくつかあるが、それらを扱う仕方は、比較言語学から学ぶよりほかない。フランス語で多くの語の根本的意味を知るには、イタリア語・スペイン語・プロヴァンス語での対応形と比較しなければならないように、ギリシア語の多くの起源を知るには、ドイツ語・ラテン語・スラヴ語・サンスクリットの多少なりと崩れた親縁語と比較せざるを得ないのだ。不幸にも、この古代言語圏において、フランス語・イタリア語・スペイン語の多少とも原形に近いものをテストできるような、ラテン語に対応する言語は存在しない。サンスクリットは、ラテン語がフランス語やイタリア語の母であるようには、ラテン語やギリシア語の母ではないのだ。しかし、サンスクリットは多くの言語の、それも疑いなく最も年上の姉たち[97]の一人に過ぎないとはいえ、多くの単語をその最も初源的形態のまま保存してきた。よって、もしラテン語やギリシア語の単語をサンスクリットの対応形までたどることに成功したら、普通

95　セレネは月の女神、メネは月経の女神。
96　ヘリオスは太陽神、ポイボス「輝ける者」はアポロンの呼称の一つ。
97　「言語」は女性名詞。

それと同時に、その形成を説明し、根源的意味を確定できる。ギリシア語という一言語の知識だけに限定されていたとしたら、πατήρ〔父〕、μήτηρ〔母〕、θυγάτηρ〈原註28〉〔娘〕の原義について、何を知りえようか？　しかしこれらの語をサンスクリットまでたどるなら、それらの初源的活力は明らかに示される。Ｏ・ミュラーは、古典語学はあらゆる語源的研究を比較言語学に譲らねばならず、ギリシア語の起源はギリシア語を見たのみでは確定できないことを最初に見抜き、認めた一人であった。このことはとりわけ、神話上の名称に当てはまる。神話になるためには、特定の名の根本的意味がその属する言語の中で曖昧になり、忘却される必要があった。

こうして、ある言語で神話的なものは、しばしば別の言語では自然で理解可能なのである。我々は「太陽が沈む《ザ・サン・セッツ》」と言うが、我々自身のテュートン神話では太陽にその腰掛ける座席《シッツ・ダウン・シート》ないし玉座《スローン》が与えられており、それはちょうどギリシア語で曙光《エオス》が「黄《クリ》金の座《ユソトロノス》」と呼ばれ、現代のギリシア人が日没を「太陽が君臨する《ヘリオス・バシレヒュエイ》」と言うのと同じである。[98] ヘカテの意味はわからずとも、「遠き者《ヘカトス》」や「遠く射る者《ヘカテボロス》」は直ちに理解できる。ルキナについては躊躇しても、ルクナの単なる縮約形にすぎないラテン語のルナはすぐに納得できるのだ。[99]

『ヴェーダ』の神話的言語

ふつうインド神話と呼ばれるものは、比較の目的にはほとんど、ないし全く役立たない。シヴァ、ヴィシュヌ、マハーデーヴァ、パールヴァティー、カーリー、クリシュナなどの物語は後代に成り、インド土着のもので、野性的で空想的な観念に満ちている。しかし、こうした後代のプラーナ文献や叙事詩の神話が比較神話学者の助けにならないとはいえ、未開で自然、かつ理解できる神話世界全体が、『ヴェーダ』において残されている。比較神話学にとっての『ヴェーダ』神話は、比較文法学にとってのサンスクリットのようなものだ。幸い『ヴェーダ』には、体系だった宗教や神話は存在しない。諸名称は讃歌により、物の呼称として用いられることもあれば、神々の名として用いられる場合もある。同じ神が、他の神々に対し高位にも、等位にも、下位にも表現されている。これらのいわゆる神々の性質全体は、いまだ透明であって、

98 ヘカテは女神の名。ヘカトス、ヘカテボロスはいずれも太陽神アポロンの別称。
99 ルキナは女神の名、ユノの別称。ルナは月の女神。

それらの最初の観念は多くの場合、明白に把握できる。いまだ系譜とか、男神と女神の確たる結婚も存在しない。父が時には息子となり、兄は夫になり、ある讃歌で母である女性が別の讃歌では妻となる。詩人の観念が異なれば、これら神々の性質も異なる。インドの古代詩をギリシアの最古文学から隔てる広大な距離が最もはっきりと感じられるのは、『ヴェーダ』における成長途中の神話を、ホメロス詩の基盤となった完成され爛熟した神話と比較する場合である。『ヴェーダ』こそはアーリア種族の真の神統記であり、ヘシオドスのそれは原像の歪められた戯画にすぎない。人間精神が神の力を自然に意識していたとはいえ、言語が超自然的・抽象的観念に適用される不可抗力によって必然的・不可避的に、どこまで操作されるかを知りたければ、『ヴェーダ』を読まねばならない。また、インド人が崇拝している対象、すなわち単なる自然現象の名がしだいに曖昧となり、人格化され、神格化されたものを、彼らに教えてやりたければ、彼らに『ヴェーダ』を読ませねばならないのだ。初期の教父たちが異教の神々〈原註29〉を悪魔や邪霊として扱ったのは誤りで、インドの神について同じ過ちを犯さないよう、注意せねばならない。インドの神々は、エオス〔曙光〕やヘメラ〔昼〕、ニュクス〔夜〕やアパテ〔欺瞞〕ほど、実体を持つ存在者とはなっていない。それらは役者のいない仮面である——人の創造物であって人の創造者ではなく、名称《ノミナ》であって神性《ヌミナ》ではなく、人格なき名前であって名もなき人間ではない。たしかに、ギリシアやラテンやテュートンのある神話が、これら各言語のいまだ有する資料から説明できる場合もあろう。ギリシア語には、サンスクリットやゴート語を参照せずとも語源的に説明可能な単語がたくさんあるのだから。まずこうしたいくつかの神話から始め、次により難しいものへ進もう。後者は、アイスランドの雪つもる岩山と『エッダ』の歌謡から、あるいは「七大河」[100]境域や『ヴェーダ』の讃歌といった、より遠い地域から光を当てられる必要がある。

セレネとエンデュミオン

ギリシア民族における豊かな想像力、すばやい受容力、知的な活力、そして自在な空想力によるなら、アーリア種族の分離以後、ギリシア人の言語ほど豊かでその神話ほど多彩なものがないのは、理解しやすい。単語は驚嘆すべき能力により創り出され、尽きぬ活力の意識が才知ある人間たちに授けたあの不注意さにより、再び忘れ去られ

100　『リグ・ヴェーダ』に列挙されている神聖な七大河のこと。同定には諸説ある。

た。どの単語の創出も元来は一つの詩であり、きらめく観念の大胆な比喩を体現していた。しかしギリシアの大衆詩のようにこれらの単語も、伝承に採用され、一家族・一都市・一部族の言語に、さらに方言やギリシアの民族言語において生き続けるうち、間もなく自分に生を授けてくれた父を忘れ、あるいはその存在をあらしめてくれた詩人を忘れたのである。単語の系統出自や生来の性格など、ギリシア人自身にも知られていなかったし、それらの語源的意味となると、最も利口な好古家をさえ当惑させたであろう。しかしギリシア人は、単語の個々の語源など気に留めなかったし、メネラオスやディオメデスの戦闘場面《アリスティア》[101]を最初に歌った個々の吟遊詩人の名を知ろうともしなかった。ホメロス一人で彼らの好奇心を満たすには充分であり、ある単語の意味のどの部分であれ、説明してくれる語源説があれば歓迎され、歴史的考証などは創意に富んだ臆測にじゃまされて、なされることはなかった。ソクラテスが咄嗟の思いつきでエロスを翼もてる神に変えてしまったのは周知のことだが「プラトン『パイドロス』252B」、ホメロスも語源説については同様に拙速であって、しかもそれらは少なくとも、神々の名称の真の語源がホメロス以前にとうに忘れられていたことを証してくれる限りにおいて有用なのである。

ギリシア神話の原義を最もよく闡明《せんめい》できるのは、登場人物中に、ギリシア語で解ける名を持つ者がいる場合である。エオス〔曙光〕、セレネ〔月〕、ヘリオス〔太陽〕、ヘルセ〔露〕といった名が見られる場合、これらの語はそれぞれの来歴を語っており、その神話の残りについても立脚点《プー・ストー》が得られるのだ。セレネとエンデュミオンの美しい神話を例にとってみよう。エンデュミオンはゼウスとカリュケの息子だが、ゼウスの息子と称されるエリス王アエトリオスの子とも言われ、エンデュミオンはその跡を継いでエリス王になったとも言う。このことは当の神話の場所を示し、また少なくともエリスがその発祥地であり、ギリシアの慣習にもとづいて、エリスの統治者種族はその起源をゼウスに帰していたことが分かる。同じ慣習はインドでも盛んで、古代インドの二大王室、いわゆる太陽《スーリヤ・ヴァンシャ》族と月陰《チャンドラ・ヴァンシャ》族を生じさせた。後述するプルーラヴァスは自身について、

　昼の大王〔日神ミトラ〕と
　夜の君主〔月神ソーマ〕とが我が御祖《みおや》、
　その孫たる我……

101　いずれも『イリアス』・『オデュッセイア』の中で活躍する。

と言っている。[102] よって、アエトリオスというエリス王がおり、彼にエンデュミオンという息子がいたらしいが、神話がエンデュミオンについて語ることが、エリス王に起こったはずはない。神話は、セレネがこの眠れる美青年を見て恋し、失ったのはラトモス山の洞穴だったというので、エンデュミオンをカリア地方のラトモス山[103]に移してしまっている。さてセレネの意味については何ら疑念はないが、伝承にアステロディアという彼女の異称しか残されていなかったとしても、この同義語もやはり月、つまり「星々の間を行く《アステロ・ディア》者」と訳すべきだろう。

しかしエンデュミオンとは何者か？　それは太陽の数多い名の一つだが、とりわけ没する太陽、死にゆく太陽を言う名である。これは ἐν-δύω〔エン・デュオー〕という動詞に由来するが、古典ギリシア語では δύω〔デュオー〕という単純な動詞が日没の専用語になっていたため、この動詞が日没に用いられることはなかった。「日没 (δυσμαὶ ἠλίου)」は「日の出 (ἀνατόλαι)」に対置される。さて δύω はもともと「飛び込む」を意味したから、「太陽は飛び込んだ (ἠέλιος δ'ἄρ ἔδυ)」のような表現は、「彼は海に飛び込んだ (ἔδυ πόντον)」といった、より早期の観念を前提とする。たとえばテティスは連れの者たちに対し『イリアス』第一八歌一四〇行で、

Ὑμεῖς μὲν νῦν δῦτε θαλάσσης εὐρέα κόλπον,

　そなたらはこれから海の深い懐へ潜り、

と呼びかけている。他の言語、ことに海洋民族の言語にも同様の表現がある。ラテン語には「どうしてしぶしぶと光を波間に沈め（Cur *mergat* seras aequore flammas）[104]」が見出され〈原註30〉、古ノルド語には「太陽が海に赴く（Sôl gengr i aegi）[105]」がある。スラヴ諸族は夕方に水浴に入り朝にはさっぱりと清められて昇ってくる女性として太陽を表すか、または海を太陽の母とし、夜には母の両腕に沈潜する者として太陽について語っている。したがって、いくつかのギリシア語方言においても ἐνδύω が同じ意味で用いられており、ἐνδύω から日没を表す ἐνδῦμα〔エンデュマ〕が形成されたと推

102　カーリダーサ『武勲（王）（ヴィクラマ）に契られし天女ウルヴァシー』第四幕三八。
103　小アジアのヘラクレイア付近。
104　ボエティウス『哲学の慰め』第四巻五で牛飼座の星について述べた箇所。
105　たとえば *Formanna sögur*, 2, 302.

測される。ここから、ちょうどウラノス（οὐρανός）からウラニオン（οὐρανίων）が、またギリシアの月名の多くが形成されたのと同様[106]、エンデュミオン（ἐνδυμίων）が形成された〈原註31〉。もしἐνδύμα が日没をさす一般名詞になっていたら、エンデュミオンの神話が生じることはなかった。しかしエンデュミオンの原義がひとたび忘れられ、もともと沈む太陽について語られていたことが、今やある名前について語られるようになると、何らかの意味を持つためには、神か英雄に変えられる必要があったのだ。沈む夕日はかつてラトモスの洞穴、すなわち夜の洞穴で眠ったが――ラトモスの語は「夜」を表すレト、ラトナ、と同根から派生した――、いまや彼はカリア地方のラトモス山上に眠っている。たった一日かぎり生きて後、永遠の眠りに沈むエンデュミオンは、かつては沈む太陽であり、輝ける天空ゼウスと夜の帷《とばり》カリュケ（「覆《カリュプト》う」から）の息子であり、異伝では、最初に生まれた女神ないし黎明で、常に太陽神の母ないし姉妹か見捨てられた妻として表されるプロトゲネイアと、ゼウスの息子であった。いまや彼はエリス王の息子であるが、おそらくその理由は、王たちが太陽や月や星々にかかわる吉祥名を名のれば、天体名と結びついた神話は当然、同名の人物の話に移されることになるというので、そうしたことが普通に行なわれていた、という以外にはなかろう。エリスにおける古代の詩的・諺《ことわざ》的言い方では、人々は「日が暮れる」と言わずに「セレネがエンデュミオンに恋し見つめている」と言い、「日が沈み月が昇る」と言わずに「セレネがエンデュミオンを抱いている」と言い、「もう夜だ」と言わずに「セレネがエンデュミオンにおやすみのキスをしている」と言ったのだ。

　これらの表現は、その意味が理解されなくなった後も長いこと残った。そして人の心は一般に、理由をこしらえたがると同じく知りたがるものだから、皆の見解が一致すれば、誰かが努力しなくても、エンデュミオンはセレネという娘に愛された若者だったに違いない、という物語が生まれた。そして、子供たちがさらに知りたがれば、いつだってお祖母《ばあ》さんが喜んで、こう言って聞かせるものだった。このエンデュミオンという若者は暗い夜の帷カリュケの息子、あるいはプロトゲネイアの息子だと――この名は黎明を意味し、それが太陽を生んだのだと半ば意識しつつ、半ば無意識のうちにである。この名は、ひとたび琴線に触れるや、多くの共鳴を生み、エンデュミオンがあんな永遠の眠りに落ちたのはなぜか、三つや四つの異なる理由が持ち出されるだろう（実際に古代の詩人たちによってなされたように）。そしてこれらの一つでも、人気詩人によって言及されようものなら、それは神話的事実となり、後世の詩人たちに

106　たとえば太陰暦のボエドロミオン月はアポロン神の別名ボエドロミオスに由来する。

よって繰り返された。こうしてエンデュミオンは、ついには沈む太陽などではなく、清らかな乙女に愛される美少年の典型にまでなったので、若き王子の名として最も好まれたのである。多くの神話が、単なる名前の類似のみによって実在の人物へと移されたが、エリスにエンデュミオンという名の王子がかつて存在したという歴史的証拠がまったくないことは、認めねばならない。

神話の原要素

伝説というものはこうして成長を遂げた。本来は単なる言葉《ミュートス》にすぎず、おそらくは地域内でしか使われない多くの言葉の一つだったのが、遠方に運ばれてその価値を失い、日常の意思疎通には無用の長物となった。それはあたかも、多くの手に握られた無価値な硬貨がそれでも捨てられず、骨董や装飾として保存され、ついには何世紀も経た後、好古家により解読されるのに似ている。これらの伝説は不幸にも、グリムがドイツの貧しい民衆の言葉から『ドイツ神話学』に集成した伝説のように、もともと村や山の城塞で口から口へと伝えられてきた状態に、あるわけではない。本人たちは半ば理解できても子供たちには馴染みのない言葉を話していた一家族の、年寄りたちが語っていた状態でもなければ、新興都市の詩人が近隣の伝承を一連の詩に大成し、一定の形式と永続を確かにしたような状態でもない。ホメロスが地方神話を保存してくれた以外は、すべてが体系化されており、まず「神々の系譜」に始まり、「トロイア包囲戦」が真ん中に来て、「英雄たちの帰還」で締めくくられる。しかし、ギリシア神話のなんと多くの部分が、ホメロスにはまったく言及されていないことか！　そこで道徳家兼神学者であるヘシオドスを読むと、そこにもギリシアの神話的言語のほんの小断片しか見られない。こうして、我々の主要な典拠は古代の年代記作家たちとなるが、彼らは神話を歴史ととらえ、自らの目的にかなうようにのみ利用した者たちだ。そしてこれすら我々には残されていない。我々はただ、アポロドロスや注釈者たちという後世の著述家らが、その情報を借用した典拠はこれらだったと、信じるしかないのである。

神話学者の最初の仕事はしたがって、この資料群を解きほぐし、体系物すべてを取りはらい、個々の神話をその初源的で体系化されない形まで戻してやることなのだ。本質と関係ない大部分はばっさり切って捨て、錆が取り除けたら、まず古銭についてするように、その使用地域を決定し、可能であれば加工技術の特徴により個々の神話の年代を定める。さらに古銭を金貨・銀貨・銅貨に配列するように、細心の注意をはらって神々・英雄・人間の伝説を区別しなければならない。こうしてギリシア古代の名称・伝説やどこか他の神話をうまく解読できたら、ギリシア神話において我々の眼前にある過去《パスト》は実在《プレゼント》していたのだと分かり、これら化石化した遺物中には有機的な思考の痕跡があるのだと分かり、それらの痕跡がかつてはギリシア語の表層をなしていたのだと分かるのである。エンデュミオンの伝説が存在感《プレゼント》をもっていた時代、エリスの人々は月（セレネ）が夜の帷のもとで（またはラトモスの洞穴に）昇り、沈む夕日たる眠れるエンデュミオン、ゼウスが永遠の眠りと恒久の若さという二重の恩恵をさずけた息子の美を、無言の愛を秘めつつ感嘆して眺めやるのだという古い言い伝えを、理解していたのだ。

エオスとティトノス

エンデュミオンは、輝ける者《ポイボス》アポロンのような神格をもつ太陽ではなく、日中に運行する太陽の概念化であって、早朝に黎明の子宮から昇り、短く輝かしい道行きの後、夕べには沈んで、もはやこの世に戻ってこない。似たような概念化はアーリア神話に頻出し、この角度から見られた太陽は、時に神だが不死ならざる者として、時に生者だが眠れる者として、時に女神に愛される人間だが人の悲運に堕ちゆく者として描かれる。たとえばティトノスはティタンと同根から派生し〈原註32〉、元来は太陽の日周ないし年周観念を表現していた。彼もエンデュミオン同様、ゼウスやアポロンのような完全な不死を享受してはいない。エンデュミオンは若さを保つが、眠りを運命づけられている。ティトノスは不死にされたが、エオスが彼に永遠の若さをさずけてくれるよう乞い忘れたため、やせ衰え弱りはてた老人となり、彼が若き日には愛を注ぎ、老いては面倒を見てくれる、常若の妻〔エオス〕の腕に抱かれるのである。異伝では、矛盾に頓着しないか、時に最もおぞましい方便でそれを解決しようとして、ティトノスをエオスとケパロスの息子と称している。これはちょうど、エンデュミオンが黎明プロトゲネイアの息子であったのと同様だ。そしてこの神話を扱う奔放さが示すのは、エオスが毎朝ティトノスの床を離れると言われていたその意味を、ギリシア人は初め知っていたということである。この表現が理解されていた間は、この神話は現前《プレゼント》のものだったと言えるが、ラオメドンの息子でプリアモスの兄弟であるトロイアの王子へと、ティトノスが変えられた時には、もはや過去《パスト》のものとなっていた。こうして、エオスが朝に彼の床を去るという言い伝えは神話となり、慣用上・伝承上の意味しかなくなったのである。そしてティトノスがトロイア王子になったため、その息子エチオピアのメムノンは、トロイア戦争に参加せねばならなくなった。ところが、何たる不思議だろうか！　当時になっても、古い神話が詩人のおぼろげな記憶の中を漂っていたようなのだ！　というのも、エオスが息子である美しいメムノンのために泣いた時、その涙は「朝露」と呼ばれており、過去《パスト》がいまだに半ば現前《ハーフ・プレゼント》していたと言ってよいのだ。

ケパロスとプロクリス

エオスの愛人、ティトノスの父としてケパロスに言及したついでに付け加えれば、ケパロスもティトノスやエンデュミオン同様、太陽の多くの名称の一つであった。ケパロスはしかし、昇る太陽すなわち「光の頭《ケパロス》」であって、これはさまざまな神話で太陽について頻繁に用いられる表現である。『ヴェーダ』では太陽が馬と呼ばれるが、馬の頭とは昇る太陽を意味する表現だ。たとえば詩人は次のように言う――『リグ・ヴェーダ』Ｉ・163・6、「われは意《こころ》によって遠方より汝の本性を認めた――汝、天界の下から飛び上がる鳥を。我は翼のある頭を見た、砂塵なく行き易き道を進むのを」。テュートン諸族は太陽をヴォータンの目として語っているが、これはヘシオドス[107]が

あらゆるものを見、あらゆるものを知るゼウスの眼
について語っているのと同様で、彼らはまた太陽をその神の顔とも呼んでいる〈原註33〉。さらに『〔リグ・〕ヴェーダ』では、太陽は「神々の顔」（I・115・1）またはアディティ〔無拘束の女神〕の顔（I・113・19）とも称され、風が降雨により太陽の眼を見えなくする（V・59・5）、とも言われている。

ギリシア人は似た観念によってケパロスの名を形成したのであり、ヘルセすなわち露の息子と彼が呼ばれるのは、我々が露原の上に昇る太陽と言い表すのと同じことを、神話的言語で言おうとしているのだ。ケパロスについて語られているのは、プロクリスの夫であり、彼女を愛し、互いに貞節を誓ったことである。しかしエオスもケパロスに恋し、彼女はその恋情を告げるが、ケパロスはプロクリスに誠実で、それを受け容れない。エオスは恋敵のことを知り、せいぜいプロクリスに誠実であり続けるがいい、しかしやがてプロクリスはその誓いを破るだろうと応える。ケパロスはこの挑発

107 『仕事と日』二六七行。

を受け、別人に身をやつして妻に言い寄り、その愛を勝ちとる。プロクリスは恥辱に気づきクレタ島へ逃げる。ここでディアナが彼女に犬一匹と、決して標的を外さない槍一本を与え、プロクリスは狩人に姿を変えてケパロスのもとへ戻る。ケパロスとともに狩猟中、彼女はその犬と槍をくれと頼まれる。彼女は、彼の愛と引き換えでならそうしようと約束し、彼が同意すると彼女はもとの姿を現し、再びケパロスに受け容れられる。それでもプロクリスはエオスの魅力を恐れ、嫉妬にかられて夫を見張っているうちに、決して標的を外さないその槍で、うっかり彼によって殺されてしまう。

この神話は、多くの異伝を伴いつつギリシア・ラテンの詩人たちに語られているが、これを説明する前に、まず分解し、構成要素に還元せねばならない。

最初の要素は「ケパロスはプロクリスを愛する」である。プロクリス（Prokris）の語はサンスクリットを参照して説明せねばならないが、そこでは prush および prish は「撒き散らす」を意味し、主として雨滴について用いられる。たとえば『リグ・ヴェーダ』Ⅰ・168・8、「風が雨を降らせると、電光は大地を見下ろして笑う」。同じ語根がテュートン諸語では「霜」の意味をとり、ボップは prush を古高ドイツ語 frus および frigere〔ラテン語〕と同定している。ギリシア語では同根の πρώξ、πρωκός「露滴」および prōkris〔ラテン語〕「露」にも言及せねばならない。よってケパロスの妻は、その母ヘルセの単なる反復にすぎない――「露《ヘルセ》」はサンスクリットのvrish「撒く」に由来する。この神話の最初の部分はしたがって、単に「太陽が朝露にキスをする」という意味にすぎない。

第二に言われているのは、「エオスがケパロスに恋する」である。これは説明を要しないほど古くからあり、アーリア神話に百回ほども繰り返されている、「曙が太陽を愛する」という話だ。

第三に言われている、「プロクリスは不誠実だが、その新たな愛人は異装していようと、やはり同じケパロスである」。これは、太陽光線が露滴から多彩な色で反射されていることの詩的表現と解釈してよかろう。そのため、プロクリスは多くの愛人たちにキスされている、と言われるのだろう。けれど彼らはみな同じケパロスであり、異装してはいるが、遂には正体が明らかになるのである。

最後に言われているのは、「プロクリスはケパロスに殺される」すなわち露は陽光に吸収される、ということである。プロクリスはケパロスへの愛ゆえに死に、彼は彼女を愛するがゆえに殺さねばならない。これは輝く陽光により露がしだいに吸収されざるをえないさまであり、森の茂みに隠れていたプロクリスめがけてうっかり投げられた、ケパロスの狙い誤ることなき槍によって、じつに忠実に表現されている〈原註

34〉。

これら四つの言表をひとまとめにするだけで、詩人なら誰でも直ちに、ケパロスとプロクリスとエオスの愛と嫉妬の物語を語ってくれるはずだ。もしケパロスの太陽としての性格を確実にするため何かお望みなら、ケパロスとプロクリスの最初の出逢いはヒュメットス山[108]上でなされていること、そしてケパロスは後に絶望のあまり、レウカス島[109]の山々から海へ身を投じることを指摘すればよかろう。さて、この神話全体はアッティカ地方に属しており、ここでは一年の大部分、太陽は輝く頭部のようにヒュメットス山から昇るであろう。この最東端からギリシア最西端まで直線を引くと、レウカス島の崖にたどり着く。そしてここでケパロスは、その悲嘆を海の波に流したのだと言ってよかろう。

ヘラクレスの死

もう一つ荘厳な日没が、ヘラクレスの死の神話中にかすんで見える。彼の神および英雄としての二重の性格はヘロドトスにさえ認められており[110]、その添え名のいくつかが充分に彼の太陽的特徴を示しているが、おそらくヘラクレスの名称ほど、多くの神話的・歴史的・物理的・道徳的物語の媒介物とされたものはなかろう。彼がアポロンおよびゼウスと共有している名前は、ダフネフォロス〔月桂樹の枝もつ者〕、アレクシカコス〔邪悪を防ぐ者〕、マンティス〔予知する者〕、イダイオス〔イデ山の男〕、オリュムピオス〔オリュムポス山の男〕、パンゲネトル〔全てを生み出す者〕である。

さて旅路の果てで、ヘラクレスもケパロス同様、東から西へ進む。彼はエウボイア島のケナイオン岬[111]でゼウスに犠牲をささげるが、この時デイアネイラが彼に致死の〔毒を塗った〕衣装を贈る。そして彼はリカスを海へ投げこむが、これがリカデス群島に変ずる。ここからヘラクレスはトラキスへ、さらにオイテ山へと渡り[112]、ここで薪が積み上げられて英雄は火葬され、雲を通って不死なる神々の座へ昇り、以来彼自身も

108　アテナイ東方にある山、現名イミトス山。
109　ギリシア本土の西にあるイオニア諸島の一つ。
110　『歴史』II・42―45
111　ギリシア本土の東、エーゲ海の島で、ケナイオン岬はその西北部にある。
112　ケナイオン岬から西へ、リカデス群島を経てギリシア本土に上陸するとトラキス、オイテ山に至る。

不死となって青春の女神ヘーベと結婚するのだ。デイアネイラが太陽英雄に贈る外套は、他の神話でもしばしば用いられる表現で、『〔リグ・〕ヴェーダ』〔V・47・6〕では「母たちがその輝ける息子のために織る」外套であって、海水面からたち昇り太陽を暗い衣服のように取り囲む雲のことである。ヘラクレスはこれを引き裂こうとし、彼の猛烈な光輝は重苦しい暗がりをも通り抜けるが、灼熱の雲霧が彼を抱きこみ、別れゆく陽光と混じり合って、死にゆく英雄が自身の体を引き裂くのが天空に散在する雲を通して見えた後、しまいに彼の輝ける体は一面の大火、すなわち最後の愛人たるイオレ——おそらく紫色の夕雲のこと——に呑みこまれる。この語は毒《イーオス》も想起させ（イは長音だが）[113]、おそらくこれが毒塗り衣装の神話を発生させたのだろう。

ダフネとアポロン

これらの伝説で、ギリシア語はこうした奇妙な物語を理解可能かつ合理的にするのに必要なものを、ほぼ全て与えている。ところが後世のギリシア人、つまりホメロスやヘシオドスは大抵の場合、自分たちの伝承の原義について何の疑念も抱かなかった。しかし、ギリシア語では説明できない単語や、サンスクリットその他の同根語を参照しなければ、言語学者には永久に単なる慣用義を備えた音にしかすぎないような単語が、ギリシア語にはある。それと同じく、ギリシア語から見たのでは説明できず、インドやペルシア、イタリアやドイツ由来の同時代の証言と突き合わせてみないと、原性格を明らかにできないような神々や英雄の名もまた存在する。黎明《ドーン》についての今一つの神話が、このことを最もよく説明してくれるだろう。

サンスクリットにおける ahan というのは昼間を指す名詞で、asru「涙」が dasru（ギリシア語の δάκρυ）を指すのと同様、dahan も指すとされる。語頭の d が実際消失したと認めねばならないのか、それともむしろ d は二義的文字で、それにより語根 ah が個別化されたのか、という問題は目下の関心事ではない。サンスクリットには dah という語根があって「燃える」を意味し、ここから昼間という名詞が形成されたのだろう。それは、dyu すなわち day〔昼間〕が dyu「明るい」から形成されたのと同様である。またゴート語の dags「昼間」が同語か否かも、ここでの関心事ではない。グリムの法則によればサンスクリットの daha はゴート語では daga ではなく taga として現れるはずである。しかし、アーリア共通古語にはグリムの法則に反す

113　ギリシア語には本来、長音・短音の区別がある。

るものがあり、ボップは daga と daha が同源との見方に傾いているようだ。ドイツ語では「朝になる（der Morgen tagt）」と言い、古英語では day は dawe と言ったが、アングロ・サクソン語で「夜が明ける」は dagian と言った。さて『ヴェーダ』における黎明の名詞の一つは Ahanâ であり、『リグ・ヴェーダ』I・123・4に、一度だけ現れる。

Gr̊ihám gr̊iham Ahanâ′ yâti ákkha
Divédive ádhi nâ′ma dádhânâ
Sísâsantí Dyotanâ′ sásvat â′ agât
A′gram agram ít bhagate vásûnâm.

「Ahanâ（黎明）はどの家にも近づく――日ごとの訪れを知らしめる彼女は。Dyotanâ（夜明け）は活潑な乙女にして、とこしえに戻り来り――常によき物全ての最初の物を享受する」。

すでに太陽との様々な関係において黎明を見てきたが、太陽の愛人でその前を飛び、彼の抱擁により滅ぼされる者としてはまだ見ていない。しかしこれは、アーリア人の古い神話的言語においては非常に馴染み深い表現であった。黎明が太陽の腕の中で死んだ、黎明が太陽の前を飛ぶ、あるいは太陽が黎明の車を粉砕した、といった表現は単に、太陽が昇り黎明が去ったという意味の表現にすぎなかった。たとえば『リグ・ヴェーダ』IV・30〔8―10〕、『ヴェーダ』における主要な太陽神[114]たるインドラの功業を称える讃歌には、次のように見える。

「そしてこの強く男々《おお》しき行ないも、汝はなし遂げた、おおインドラよ、汝がディヤウス（黎明）の娘、破り難い女を打ったのは。

そう、大いなる者ディヤウスの娘黎明さえも、おおインドラ、偉大な英雄よ、汝は粉砕した。

黎明は毀《こわ》れた車から逃げ出た、雄牛インドラに打たれるのを恐れて。

これ、彼女の車はそこに粉砕され、自身は遠く逃れた」。

114　『ヴェーダ』で、太陽神は様々な名称で現れる。

この場合、インドラは天の娘をずいぶん乱暴に扱っているが、別の箇所で彼女は天の輝ける神々全てに愛され、その中には自身の父も含まれていた。太陽は『リグ・ヴェーダ』I・115・2〔113・14か〕では、男が女を追うように、彼女の後をついて行く。「彼女黎明の馬車は二頭の白馬に牽《ひ》かれ、勝ち誇りてアシュヴィン双神に運ばれ行く」――ちょうどレウキッピデス[115]がディオスクロイ[116]に連れ去られたように。

さて、ダハナー（Dahanâ）をギリシア語に翻訳、というよりむしろ音訳するならダフネ（Daphne）が出現し、彼女の物語全体は理解可能となる。ダフネは「若くて美しく、アポロンは彼女を愛する。彼女は彼の前を飛び去り、彼の輝ける光に包みこまれつつ、死ぬ」のである。あるいは『〔リグ・〕ヴェーダ』（X・189〔・2〕）の別の詩人が表現したように、「黎明が彼のもとに近づき、彼が呼吸を始めるやいなや彼女は息絶える。そして強き者は天を照らす」のだ。古代の詩人のように自然を見る目を持ち、感じる心を持つ者は誰でも、ダフネとアポロンに、惑いつつ天を急ぎ、明るい太陽が不意に近づくと消え去ってしまう黎明の姿を見ることができよう。ダフネが月桂樹に変じたというのは、ギリシアで特異に成長した神話の増補部分である。ギリシア語では、ダフネはもはや黎明を意味せず、月桂樹の名になった。そこから、ダフネの樹は黎明ダフネの恋人にとって神聖と見なされ、ダフネ自身、アポロンの乱暴から守ってくれるよう母親[117]に祈っている時、樹に変身したと語られたのである〈原註35〉。『ヴェーダ』の助けなくしては、ダフネの名と彼女にまつわる伝説は、理解不能なままであったろう。後世のサンスクリットは、この名の謎を解く鍵を何ら与えてくれないからだ。このことは、比較神話学の目的に対して『ヴェーダ』の持つ価値を示している。この科学は『ヴェーダ』の助けなくしては、定則も定礎もない単なる当てずっぽう仕事にとどまっていただろう。

大自然の啓示

同一の観念が、どれほど多くの異なる仕方で神話的に表現されるかを示すため、私は黎明《ドーン》のさまざまな名前に限定してきた。黎明は実に、アーリア神話において最も豊かな源泉の一つである。そして、冬と夏の闘争、春の回帰、大自然の再生などを含む

115　レウキッポスの娘ヒラエイラとポイベを指す。
116　ゼウスの息子たちの意で、ゼウスとレダの子カストルとポリュデウケスのこと。
117　ヒュギーヌス『ギリシア神話集』203による。

別の類の伝承は、大抵の言語においては、夜と昼の闘争、朝の回帰、全世界の再生について語る、より古い伝承を反映し展開したものに過ぎない。太陽に擬せられた英雄が雷雨の中で闇の諸力と戦う物語もまた、同源から借りられたものである。また『ヴェーダ』において、ヴリトラに連れ去られインドラに連れ戻されるなど、しばしば暗示的に言及される雌牛は、実のところ、毎朝黎明がその牧草地すなわち雲の所へ駆り立て、その重く垂れた乳から、乾いた大地に恩恵と肥沃の雨・露を降らせてくれる、輝ける雌牛と同一なのだ。我々〔近代人〕のように、「冷静沈着《ニル・アドミラーリ》」こそが最上の叡知であると哲学により教えられた者たちにとってさえ、大自然において黎明ほど精神を鼓舞される景色はない。けれど古代においては、称賛《アドマイアリング》の能力こそは人類に授けられた最大の恩寵《おんちょう》であった。そして、人が最も熱意を込めて称賛《アドマイア》を与え、その心が最も悦楽と歓喜に満たされたのは、

光と命と愛と、

喜びの主[118]

の到来に接した時以上でありえただろうか！　夜の暗闇は、人の心を失意と恐懼《きょうく》で満

たし、畏怖と苦悶の感情は、誰の神経をもおののかせる。そこに孤独な子供のような人がいて、息を殺し不安げに東方、すなわち昼間の生まれ来る子宮の方、かつてこの世の光が幾度も燃え上がった彼方へ、じっと目を見すえている。父が子の誕生を待つように、詩人は今にも輝ける息子、すなわち昼間の太陽を産み出そうとして喘《あえ》ぐ暗い夜を見つめる。天の扉はゆっくりと開き始め、明け方のまばゆい畜群と呼ばれる者たちが暗い畜舎から歩み出て、いつもの牧草地へ戻って行く。この燦然《さんぜん》たる行列がだんだんと進み、天が遠い海のように黄金の波を揺らし、最初の陽光が地平線上の走路を駆けめぐる輝く馬たちのように射出され、雲たちが色づき始めてその照り映えをさらに遠くの姉妹雲たちへ当ててゆくのを、見たことのない者がいようか！　東のみならず西も南も北も、天蓋がくまなく照らし出され、敬虔な祈禱者は、それに応えて暖炉の祭壇上に置かれた小さな灯明に火をつけ、かすかなりとも自然と人心とに宿った歓びを表す言葉を口にする。

「起きよ！　我らが生、我らが魂は戻った！　闇は去り、光が現れた！」[119]

118　ワーズワース『遠足』第五部「牧師」中の一節。

古代の人々が、天の恒久な光を神と、すなわち輝ける者《デーヴァ》と呼んだのなら、黎明はあらゆる神々のうちの初生児《プロトゲネイア》であり、人にとって最愛にして、常に若く新たな者であった。しかし、もし不死の地位まで高められず、毎朝人の子らを目覚めさせるだけの恵み深き者としてのみ崇敬されるならば、その命は短命と見られよう。彼女、黎明はすぐに薄れゆき、光明の本源が輝きをあらわに昇って来て、その最初の照り映えを天蓋にすばやく送るなり、彼女は死んでしまうのである。大自然のこの光景を目にして古代人が抱いた感情を、我々は体得できない。我々にとっては、これら全ては法則であり、秩序であり、必然である。我々は大気中の屈折力を計算でき、あらゆる地域における可能な日の出の長さを測定できるし、太陽が昇ることは我々にとって、二かける二が四であるのと同じく驚きでも何でもない。しかし再び、太陽は人に似た存在であると信じ、暁《ドーン》には人の心に開かれた魂が宿っていると信じ、一瞬なりともこれらの力を人格として、自由かつ敬愛すべきものとして見なすことができたなら、日の出の紅潮を見ての我々の感情は、どれほど異なったものとなることだろうか！　我々の発する、太陽は昇らねばならないというあの高慢不遜な断言は、早朝の自然崇拝者たちには未知のものだった。もしまた彼らも、太陽その他の星辰が日々こなしている労働の規則性を感じ始めたとしても、やはり本来自由な者が一時的に隷従を余儀なくされ、しばし縛められて高次の意志に従わされているに過ぎず、やがてその労働が終わればヘラクレスのように、高らかな栄光へ立ち上がるに違いないと考えていた。我々には幼稚に思えるが、『ヴェーダ』の中には「太陽は昇るだろうか？」「我々の旧友たる黎明は、戻って来ようか？」「闇の諸力は光明の神に征服されるだろうか？」といった表現がある。そして太陽が昇れば、生まれたばかりなのに彼は何と力強く、あたかも揺籠の中で夜の蛇たちを退治したかのようだと驚異を抱いたのである。彼らは問うた、太陽はいかにして天空を歩めるのか？　その道に塵ひとつないのはなぜか？　後転してしまわないのはなぜか？　しかしついには、彼らは現代の詩人〔ワーズワース、既出〕と同じく、太陽に呼びかけた——

陰鬱な夜を征服する東方の者よ、万歳！

そして人間の目がこの輝ける太陽の光輝に耐えられないのを感じると、人は彼を「生

119　『リグ・ヴェーダ』I・114・16。

命、息吹、まばゆき主にして父」と呼んだ。

こうして日の出こそは大自然の啓示であり、人の心に依存、寄る辺のなさ、希望、歓びと高次の力への信仰といった感情を呼び覚まし、これらがあらゆる叡知の源流、あらゆる宗教の源泉となった。しかし、日の出が初めて祈るよう刺激を与え、初めて犠牲の炎を呼び起こしたとすれば、日没もまた、人の全感情を揺すぶるもう一つの機会であった。夜の帷が近づき、逆らいがたい睡魔の力が享楽のただ中にいる人を捕らえ、友たちは去り、孤独にあって人の思いは再び高次の力へと戻る。昼間が去ると、詩人は輝かしい友人の早すぎる死を嘆く、否、彼はその短い一生に、自分自身の人生との類比を見るのである。ことによると、彼が寝てしまえば、彼自身たる太陽はもはや昇って来ないかもしれず、こうして沈んだ太陽が退き去るはるか西の場所は、彼の胸中には彼自身、死後に行くべき住処として湧き起こってくる。そこへは「父祖が自分より先に行き」、そこでは全ての義《ただ》しく敬虔な者たちが「ヤマやヴァルナとともに新たな生」を享楽しているのだ。あるいは詩人は太陽を短命の英雄とは見なさず、若々しく不変にして恒常なのに対し、死すべき人は一世代また一世代と亡くなってゆく、と見るかもしれない。こうして、衰え朽ちることのない者、不死の者、不死性の最初の暗示が得られた！　次に詩人は不死なる太陽に対し、またおいで下さいと、眠れる者に新たな夜明けをお恵み下さいと、祈ることになる。日の神は時の神、生と死の神となる。曙光《ドーン》の姉妹である黄昏もまた、より薄暗い光とはいえ、明け方の驚異を再現しては、物思いに耽る詩人に、どれほど多くの感情を引き起こしたことか。そして古代の生きた言語において、どれほど多くの詩文を引き出したことか！　曙光であある彼女のもとを朝に去った彼、太陽に最後の抱擁を与えようとして再来したのは、彼女なのか？　いつも戻り来る女神である彼女は不死で、毎日死にゆく太陽は死すべき者なのか？　それとも彼女こそ死にゆく者で、不死の恋人に永遠の別れを告げ、言わば同一の薪に焼かれて、それは彼女を呑み込むが、彼は再起して神々の座に就くのか？

これら単純な場面を古代の言葉で表現してみるなら、矛盾や不整合だらけの神話に四囲を包まれていることに気づくだろう。人の詩的な見方がその観点を動かすにつれ、同じものが死せる者としても不死の者としても表され、男としても女としても表されて、大自然の神秘的ドラマに独特な色彩を与えているのだ。

ウルヴァシーとプルーラヴァス

こうした曙光《ドーン》と太陽の相関、不死なる者と死すべき者との愛、そして朝方の曙光と夕方の黄昏の同一性とを表現している『ヴェーダ』神話の一つが、ウルヴァシーとプルーラヴァスの物語である。ウルヴァシーとプルーラヴァスという二つの名は、インド人にとっては単なる固有名詞であり、『ヴェーダ』においてもこれらの原義はほぼ完全に消失している。『リグ・ヴェーダ』[120]にはウルヴァシーとプルーラヴァスの会話が出ており、そこで両者はカーリダーサの戯曲における同様、人格化されて現れる。よってまず証明せねばならない点は、ウルヴァシーというのが元来は曙光を意味する呼び名であった、ということである。

ウルヴァシーの語源は難しい。クーン博士[121]が提案するように、これが *urva* から派生し接尾辞 *sa* を付したもの〈原註36〉、ではありえない。なぜなら *urva* という語はないし、*sa* の付いた派生語たとえば romasá や yuvasá などは、最後の音節にアクセントが置かれるからである。よって私はインドで一般的な説明に従う。それによればこの名は *uru*「広い」(εὐρύ) と語根 as「ゆきわたる」から派生したのであり、こうして uru-asî は、曙光のもう一つの添え名である urûkî すなわち uru-ak「遠く行く」の女性形と比定できる。曙光が天を広汎にわたって占め、その馬がいわば思いを馳せる間に地平線をぐるりと駆けゆくのは、最も目覚ましい特徴の一つであり、またそれにより曙光が天のその他の住民たちと区別される特徴に違いなかった。このため、サンスクリットで *uru* に始まる名、ギリシア語で εὐρυ に始まる名は、ほとんどの場合、曙光か黄昏を指す古い神話的名詞である。確かに大地もこの添え名を主張できるが、それは輝ける女神に適用されるものとは異なる結合の仕方においてである。曙光の名前としては、ヘリオスの母エウリュパエッサ（Euryphaessa）、エンデュミオンの娘エウリュキュデ（Eurykyde）ないしエウリュピュレ（Eurypyle）、グラウコスの妻エウリュメデ（Eurymede）、カリテスの母エウリュノメ（Eurynome）、オルペウスの妻エウリュディケ（Eurydike）があり、このオルペウスの古代神としての性格は後から論ずる。『ヴェーダ』でウシャスつまりエオスの名は、その遠く広くゆきわたる光輝に触れることなくしては、言及されることがほとんどない。たとえば urviyâ vibhâti「彼

120　四—五世紀頃、インドの詩人・劇作家。
121　一八二二—八一、ドイツのインド学者・神話学者。

女は広く輝く」、urviyâ vikákshe「彼女は遠く広く見る」、varîyasî「最も広き者」といった具合だが〈原註37〉、太陽の光は広くゆきわたるものとしてではなく、むしろ遠く射るものとして表される。

しかし、ウルヴァシーという単なる名前以外にも、彼女が元来は曙光の女神だったと推測させるものが、他にもある。ヴァシシュタ（Vasishtha）は『ヴェーダ』の主要詩人の一人として最もよく知られているが、これはvasu「輝く」の最上級であり、従ってこれも太陽の一つの名である。よって、厳密には太陽のみに適用される表現が、古代の詩人名に移されたということになる。彼はミトラとヴァルナすなわち夜と昼の息子と呼ばれるが、この表現は、太陽たるヴァシシュタについてのみ、意味を持つ。そして太陽はしばしば曙光の子供と称されるから、詩人ヴァシシュタはウルヴァシーから生まれたと言われている（『リグ・ヴェーダ』Ⅶ・31・11）。彼の誕生の奇妙さは、ヘシオドスに語られているアフロディテの誕生を強く想起させる。

さらに、『リグ・ヴェーダ』でウルヴァシーの名が現れる数少ない詩節においては、通常は曙光ウシャスに属するのと同じ属性や行為が、彼女に帰せられている。ウシャスについてはしばしば、人の寿命を延ばすと言われるが、同じことがウルヴァシーについても言われている（『リグ・ヴェーダ』Ⅳ・2・18、Ⅴ・41・19、Ⅹ・95・

10)。ある一節では、ウルヴァシーは複数形で、人の寿命を増やす多数の夜明けと昼間という意味において用いられてさえおり、このことは、この語の呼び指す力がまだ完全には忘れられていなかったことを示す。さらに彼女は、ふつう太陽の添え名とされるアンタリクシャプラー「天空を満たす」、ブリハッディヴァー「強大なる光輝もつ」などとも呼ばれており、全て曙光の明るい存在を示している。しかし、ウルヴァシーが曙光であったことの最良の証拠は、彼女とそのプルーラヴァスへの愛に関する伝説で、これは太陽と曙光にのみ当てはまる物語である。プルーラヴァスが太陽英雄の適切な名前であることは、ほとんど立証を要しない。プルーラヴァス（Purûravas）はポリュデウケス（πολυδεύκης）同様、「多くの光を授かりし」を意味した。というのも、rava は一般に音について用いられるが、語根の ru は元来「叫ぶ」を意味し、喧《かまびす》しいまたは叫ぶ色、つまり赤の意味で、色にも適用される〈原註38〉（rudhira ἐρυθρός、ruber、rufus、リトアニア語 rauda、古高ドイツ語 rôt を参照）。またプルーラヴァスはヴァシシュタと自称するが、これは周知のように太陽の名だし、彼はイダーの息子アイダとも呼ばれるが、この名は他所では（『リグ・ヴェーダ』Ⅲ・29・3）アグニ「火」に与えられている。

　さて、最も古い形の物語は、『ヤジュル・ヴェーダ』のブラーフマナに見出される。

そこには、次のように見える。[122]

妖精《フェアリー》の一種たるウルヴァシーは、イダーの息子プルーラヴァスと恋に落ち、彼と会った時に言った、「一日に三度、私を抱きなさい。しかし私の意に反してはいけない。そして、あなたが高貴な衣をまとわぬところを、私に見せぬように」と。このようにして彼女は、彼のもとで永く暮らした。すると彼女の旧友たるガンダルヴァたちは言った、[123]「このウルヴァシーは永く人間たちのもとに暮らしている。戻って来るようにしよう」。さてウルヴァシーとプルーラヴァスの寝台には、二頭の仔羊とともに雌羊が結び付けられており、ガンダルヴァたちはその一頭を盗んだ。ウルヴァシーは言った、「あたかも勇士や男手のない所に暮らしているかのごとく、彼らは私の愛する者を連れて行く」。彼らが第二の羊を盗むと、彼女は再び夫をなじった。それでプルーラヴァスは見て言った、「私がいるのに、それがどうして勇士や男手のない土地でありえようか」と。そして裸のまま飛び上がった。彼は長いこと考えていて、衣をまとわなかったのだ。するとガンダルヴァたちは稲妻を送ったので、ウルヴァシーはあたかも白昼のごとく、夫が裸でいるのを見た。すると彼女は消えた。「私は戻って来ます」と彼女は言い、そして行ってしまった。それから彼は消え去った愛をひどく嘆き悲しみ、クルクシェートラの近くへ行った。そこにはアニャタッハプラクシャーという、蓮華でいっぱいの池があり、王がその縁に沿って歩いていると、妖精たちが水中で、鳥の姿で遊んでいた。ウルヴァシーは彼を見つけて言った、「あれは私が永いこと共に暮らしていた人です」。すると友たちは「彼に姿を現しましょうよ」と言った。彼女は同意して、みなで彼の前に姿を現した。王は彼女と分かって、言った、「ひどい！　妻よ！　とどまれ、恐ろしい女よ！　さあ言葉を交わそうではないか！　我々の秘密がもし今語られずにおれば、後日になっても我々に幸をもたらさないであろう」と。彼女は答えた、「あなたの言葉によって私は何をしたらよいのです？　私は曙たちの最初の者のように去ったのです。プルーラヴァスよ、家へ戻りなさい！　私は風のように、捕らえがたいのです」。彼はうちひしがれて言った、「ならばお前のかつての友は今や落ちて、二度と昇らぬように。遠く、遠く去り行くように！　彼は死のきわに横たわり、狂える狼どもが彼を貪り喰らうよ

---

122 『シャタパタ・ブラーフマナ』XI・5・1の形が最も有名。

123 天界の半神。

うに！」と。彼女は答えて、「プルーラヴァスよ、死ぬな！　落ちないで！　不吉な狼どもがあなたを喰らうことがないように！　女たちとの間に友情は存在しないのです、彼女らの心臓は狼の心臓です。私が姿を変えて、死すべき者たちの間を歩んだ時、四回の秋、多くの夜を、あなたと暮らした時、私は日に一度、バターの小片を食べていました。そして今でも、そのことに歓びを感じています」と言った。そして遂に、彼女の心はうち解けて言った、「年の最後の晩に来なさい。そしてあなたは一夜を私と共にすることになり、あなたには息子が生まれるでしょう」。彼は年の最後の晩に黄金の座に行き、一人でいると上がるように言われ、それから彼らは彼のもとにウルヴァシーを送った。すると彼女が言うには、「ガンダルヴァたちは明朝、あなたの願いを叶えてくれます。それを選びなさい」と。「お前が私のために選んでくれ」と彼が言うと、彼女は「彼らに言いなさい、私をあなた方の一員にしてくれと」と答えた。翌朝早く、ガンダルヴァたちは彼に何か選べと言ったが、彼が「自分をあなた方の一員にしてくれ」と言うと、彼らは「それにより供犠《くぎ》を行ない、我々の一員となれるような、その種の聖火はまだ人間には知られていない」と言い、それからプルーラヴァスにある供犠の秘法を伝授し、彼がそれを執行した時、彼自身、ガンダルヴァたちの一人になったのである。

これは、特定の祭儀の重要性を示すためにブラーフマナ文献に語られている、単純な物語であり、この火鑽《ひきり》祭儀が、それによりプルーラヴァスが不死を得た儀礼として、表されている。物語に引用されている韻文は『リグ・ヴェーダ』から採られたもので、その最終巻には、世俗詩の多くの奇妙な残片と共に、愛する二人の会話が見出される。それは一七詩節から成るが、ブラーフマナの著者には一五しか知られていなかった。しかし彼が引用している詩節の一つにおいて、ウルヴァシーは「私は曙たちの最初の者のごとく、永遠に去ったのです」と言っており、これは古い神話が詩人の心に奇しくも点滅していたことを示しているのであって、メムノンの母が息子の遺体に流し、後世の詩人たちにさえ朝露と呼ばれているあの涙を、我々に想起させる。また第四節でウルヴァシーは自らについて「この人（つまり私）は、彼に嫁いでいた時は、おお曙よ！　彼の家へ行き、昼も夜も彼に抱かれた」と言っている。さらに彼女はプルーラヴァスに対し、あなたは神々により、闇の諸力（dasyuhatyâya）を鎮めるために創られたのだと告げるが、これは紛れもなくインドラなど太陽的存在に帰せられる任務である。ウルヴァシーの仲間たちの名前までが曙光を指示しており、プルーラヴァス

は言う、

死すべき存在の私が、あの不死なる気まぐれ屋たちの回りに私の両腕を投げた時、
彼女らは震える雌鹿のように、私から怯え去ったものだった、戦車を蹴る馬たち
のように。

曙光ほどしばしば人間の友と称される女神はいない。「彼女はどの家へも行く」（I・123・1）、「彼女は小さきものも大きなものも心にかける」（I・123・4）、「彼女は人の住まいを心にかける」（I・124・6）、「彼女は富をもたらす」（I・48・1）、「彼女は蔑まない」（I・124・6）、「彼女は常に同じく、不死にして神聖なり」（I・124・4、I・123・8）、「彼女は老いることなし」（I・113・15〔正しくは13〕）、「彼女は若き女神だが、人を老いさせる」（I・92・11）。こうしてプルーラヴァスはウルヴァシーを「人間中の不死なる者」と呼び、最後の詩節では、愛する者に次の言葉で呼びかける。

私、最も明るい太陽である私は、ウルヴァシーを摑む。天空を（光で）満たし、
大空に広がる者を。お前の善き行為の恵みが、お前にもたらされるように！　戻

れ、我が心臓は私を焼いてしまう。

それから詩人は言う。

かくて汝に、神々は言った。おおイダーの息子よ。死につながれた汝がこのように（不死に）なるために、汝の種族は供物により神々を祭るように！　さすれば汝も天界で楽しむであろう。

『ヴェーダ』においてすら、詩人たちはウルヴァシーやプルーラヴァスの原義に無知であったことは、確かに認めねばならない。それはホメロスが、エオスはともかくティトノスの原義には無知だったのと同様だった。詩人たちにとって、これらは英雄であり、漠然たる存在であり、人であって人でなく、神であって神でなかった。しかし、より遠く隔たった場所にいる我々に、彼らはその真義を現している。ワーズワースが言ったように（既出）、

私はこの上なく悦びに満ち、汝が赤裸の輝きの中、

霧と靄から放たれ、空へ昇るのを見る――

古代人は裸の太陽と、夫を見て顔を隠す、慎み深い曙光について語った。けれど彼女はまた来ると言う。そして太陽が愛する者を求めて世界を移動し、死のきわに至って孤独な生を終えようとするや、彼女は黄昏の中に再び現れる。それは、ちょうどホメロスにおけるエオスが一日を開始し終了するように〈原註39〉、曙光と同じものである。そして彼女は、彼を不死者たちの黄金の座へ運び去るのだ。

大自然の悲劇

私がこの神話を選んだ主目的は、古代の詩文が古代言語のかすかな残響に過ぎないことを示し、それが単に、早期の詩人に霊感を与えて、彼の胸中に自身の魂の熱情が反映されるのを眺める深い鏡をかざした、大自然の素朴な物語であったことを示すことだった。なぜなら人の心は、自身の苦衷しか知らないうちは、沈黙したまま語り出せないから。それは情愛とその喪失を語りはしないのだ。なるほど孤独な悲哀の内に無言の詩文が生まれることもあろうが、記憶の女神、沈思する《ミュージング》ムネモシュネは、ムーサたちの母ではあってもムーサ自身ではない。詩人の悲哀を初めて口に出させ、無言の絶望をたたえた唇を開かせるのは、他者の悲嘆への同情なのである。そしてもし、彼の苦痛があまりに深くあまりに厳粛で、それをどんな他人の心情にもなぞらえることができない場合、古代の詩人はなお、大自然と心を通わして、その無言の苦しみに、自身の内に感じかつ蒙ったものと似た、高貴な何ものかを見たのである。暗い夜が明け、日の光が戻って来た時、彼はもはや昇ることのない自身の光に思いを馳せた。太陽が曙光に接吻するのを見て、彼は永遠に失われた日々と歓喜とを夢みた。そして曙光がわななき、蒼ざめて去り行き、太陽がまるで彼女を求め、失おうとして一層その輝ける目が彼女を探し求めるかに見えた時、彼の心にはあるイメージが浮かび、自らの運命を想起し、けれどそれをいったん忘れて、韻律ある言葉で太陽の愛と破局を語ったのだ。こうして詩文は生まれた。夕刻にも魅力がなかったわけではない。物憂い一日の終わり、太陽が西の彼方に逝こうとし、なおも東の花嫁を求めつつある時、突如として天が明るくなり、曙光の姿が再び現れて、薄暮の悲哀により美しさを増した時、詩人は最後の光線が消えゆくまで凝視しなかったろうか？　最後に消える陽光は彼の心にとどまり、再生の希望を灯して、そこに愛し失ったものを今一度見出しはしなかったろうか？

短き命の炎ではあれ、朝焼けの東の方《かた》に、
詩人らのため、燃える一つの光がある。
我が魂も、しばしば眠りの軛《くびき》が解かれた時、
盛んに燃え立ったものだった。[124]

無言の悲哀を見つめる目を持つ者にとっては、大自然の内に多くの悲痛があるのであり、古代世界のあらゆる悲劇の源泉は、まさにこの悲劇、つまり大自然の悲劇なのである。若き英雄の観念は、それがバルドル、シグルズ、ジーフリトと、あるいはアキレウス、メレアグロス、[125]ケパロスと呼ばれていようと、若さ溢れるさなかに死する英雄という、あれほどしばしば語られ、土地と結び付けられ、個々に人格化されてきた物語は、初めは太陽――若く勢い盛んな中、一日の終わりに闇の諸力に打たれて死ぬか、陽光きびしい季節の終わりに冬の一刺しで落命する――により示唆を得たものだった。また、これら太陽の英雄が最初の愛を手放し、彼女に不実を働くか、または彼女が彼に対して働くあの致命的な魔力も、大自然から借りてきたものである。これら太陽英雄の悲運は避け難いものであり、彼らは最も近しい友人や親族の手により、

あるいは消極的背信によって死ぬよう運命づけられていた。太陽は曙光を棄て去り、一日の終わりに冷酷な悲運にもとづき死んで、大自然すべてに悼まれる。もしくは太陽は春の日射しで、大地に求愛した後その花嫁を棄て、冷淡になってついには冬の一刺しに殺される。これは言い古された物語だが、古代の神話や伝説では、常に新鮮なものである。たとえば北欧の『エッダ』におけるバルドルは、シグルズやジーフリトの神的祖型であるが、全世界から愛される。神々も人々も、大自然すべて、生きとし生けるもの全てが、この輝く英雄を傷つけないよう、その母に誓った。ヤドリギだけは地上に生えず樹上に育ったために忘れられ、バルドルはこれによって冬至に殺害されるのだ。

かく床上にバルドル死して、伏せり。四囲には
厚く散らせる、剣、戦斧に、矢と槍の山、
いずれも諸神、たわむれに投げしもの、

124　ワーズワース「頌詩――一八一六年一月一八日、一般感謝祭に定められた日の朝」。
125　カリュドン王オイネウスとアルタイアとの子、別伝ではアレスの子。

いかなる武器も、刺し裂くことなきバルドルめがけ。
けれどその胸に、深くとどまる運命の枝、
ヤドリギの枝、すなわちロキが難詰し、
ホズに与えて、知らずにホズが投げしもの。
これのみに、バルドルの命、何の呪力も持たざりき。[126]

またペルシア叙事詩[127]のイスファンディヤールは、どんな武器にも傷つけられることはないが、ロスタムがその目に矢として投げた刺《とげ》〔タマリスク〕により、殺される運命である。ロスタムもまたその弟〔シャガード〕によってしか殺されることはない。ヘラクレスは、妻の誤解による厚意で落命した。ジーフリトはクリエムヒルトの取り越し苦労により、あるいは見棄てたブリュンヒルドの嫉妬によって殺される。彼はアキレウス同様、一箇所だけが弱点で、ハゲネ（刺）が彼を討ったのはまさにその箇所である〔『ニーベルンゲンの歌』〕。これら全ては太陽神話の断片だ。自然界全体は二領域に分割されている。かたや暗く寒い冬で死の領域、他方は明るく暖かく春らしく生命に満ちた領域である。シグルズは『エッダ』における太陽英雄[128]の呼称だが、オーディンの子孫であり、ファーヴニル竜を殺し、アンドヴァリという小人が呪いをかけていた宝を勝ちとる。これこそニヴルンガル〔ニーベルンゲン〕の財宝、冬と闇の混濁した力が盗賊のように持ち去っていた大地の宝である。春の太陽はこれを取り戻し、デメテルが娘〔ペルセポネ〕を取り戻して豊穣を手にしたように、大地は春のあらゆる賜物を得て再び肥沃になる。『エッダ』によると、彼はその後ブリュンヒルドを救出する。彼女はオーディンの刺により傷を受けてから眠りの呪いを受けていたのだが、今や冬眠後の春のように、シグルズの愛により蘇生する。しかし宝の主〔(サンスクリットでは)ヴァシュパティ〕である彼は、さらに運命に翻弄される。彼はブリュンヒルドと婚約し、財宝から得ていた運命の指環を与える。しかし彼は彼女から去らねばならず、グンナルの城に着く。するとグンナルの妻〔または母〕グリームヒルドは彼にブリュンヒルドを忘れさせ、娘のグズルーンと結婚させる。すでに彼の進路は傾き始めている。彼はグンナルに〔その城で恩義を受け〕拘束されている、否、彼は先妻ブリュンヒルドを勝ち得て、グンナルと結婚させるのである。ギューキの息子グンナル

126　マシュー・アーノルドの詩「バルドルの死」より。
127　フェルドウスィー『王書』。
128　太陽の擬人化された英雄。

は闇を表すように思われ、それで春の目覚めと芽ばえはグンナルにより拉《らっ》し去られるのだ。ちょうどプルートンにプロセルピナが、ラーヴァナにシーターが連れ去られたように。グリームヒルドの娘グズルーン、また時に彼女自身グリームヒルドと呼ばれることもあるが、この名が夏を意味するにせよ(サンスクリットのgharma参照)、それとも年の後半における大地と自然とを意味するにせよ、闇のグンナルの妹であり、今は輝けるシグルズに嫁いでいるが、彼女自身は雲霧の領域に属する。グンナルはブリュンヒルドを獲得してくれるようシグルズを仕向けたが、今度はこの親族の殺害を計画する。なぜならブリュンヒルドがシグルズをかつての恋人と知り、復讐を自らに課したからだ。ヘグニは兄グンナルに殺人を思い止まらせるが、しまいに三男ヘーズルが、シグルズが冬至で眠っているところを刺殺する。ブリュンヒルドの愛は変わらず、その慕い人が殺されるや、彼女は財宝を分け与え、ちょうどナンナ〔バルドルの妻〕のようにシグルズと同じ薪で燃やされ、愛する二人の間に一本の剣が置かれた。グズルーンも夫の死を悼みはするが、彼のことは忘れ、ブリュンヒルドの兄アトリに嫁ぐ。さてアトリは妻にかこつけてグンナルとヘグニから財宝を要求し、彼らが放棄を拒否すると、二人を屋敷に招いて捕らえてしまう。グンナルは宝を埋めた場所を明かそうとしないが、それも弟ヘグニの心臓を見るまでであった。心臓が持って来られたが、それは震えているので、「これは弟の心臓ではない」と言う。しまいにヘグニの本物の心臓が持って来られると、グンナルは「今や財宝のありかを知るのは俺しかいない。お前らにくれてやるくらいなら、ライン川に任せた方がましだ」と言う。そしてアトリに縛めを受け、蛇たちの中に投げ込まれる。しかし彼は歯で竪琴を弾き、蛇たちさえも魔法にかけたが、最後に一匹の毒蛇が這い上がり、彼を殺すのである。

古代神話の歴史への当てはめ

さて、ここで『ニーベルンゲンの歌』の物語を読んでみると、それが十二世紀末のドイツで書き記された時、もとになった神話は大きく変えられていた。英雄たちはみなキリスト教徒で、四、五、六世紀の歴史的人物と同定されてしまっている。グンナルはブルグンド国の人とされているが、ここでは四三五年にグンディカリウスないしグンダハリウスという者が実在の王であった。カッシオドルス[129]によれば、彼はまずアエティウスに、後にアッティラ率いるフン族に敗れた。このため、ブリュンヒルズル

129　四八五年頃―五八五年頃、ローマの政治家・著述家。

の兄でグズルーン（またはクリエムヒルト）の二番目の夫たるアトリは、フン族の王アッティラ（四五三年没）と同定されている。否、アッティラの兄ブレダまでが、ブルグンド人たちを最初に攻撃しダンクヴァルトに殺されたブレーデリンとして加えられているのだ。他にも歴史的人物がこの人気物語の渦中に引きずり込まれているが、それらは先立つ『エッダ』には全く出ていない者たちである。たとえば『ニーベルンゲンの歌』に見られるベルンのディートリヒはテオドリック大王（四五四—五二六）その人であり、有名なラヴェンナの戦いでオドアケルに勝利し、ヴェローナ（つまりドイツ語のベルン）に住んだ人物だ。詩中ではテューリンゲン方伯とされるイルミンフリートもまた、テューリンゲン王でテオドリックの姪アマラベルガと結婚したヘルミナフリートであるとされた。しかし最も奇妙な偶然は、ブリュンヒルズルの恋人シグルズが、五六一年から五七五年に在位したアウストラシア王[130]シギベルトと同定されたことである。彼は実際に有名なブルンヒルデと結婚し、実際にフン族を破り、実際に兄ヒルペリヒの妾妃フレデグンデにより、最も悲劇的な状況下で殺害されたのだ。神話と歴史の間に見られるこの一致は非常に大きいため、エウヘメリズム[131]を採る批評家たちの一部は、ニーベルンゲンの伝説全体をアウストラシア史から派生させ、ブルンヒルデによるシギベルト殺害が、ブリュンヒルズルによるジーフリトないしシグルズ殺害の基になったとした。幸い、こうしたドイツのエウヘメリストたちに応答するのは、古代ギリシアのエウヘメリストたちに対するより簡単である。というのも同時代史中に、アウストラシア王シギベルトの死より二十年以上前にその史書を著したヨルナンデスが[132]、すでに神話上のシグルズの娘スワンヒルドのことを知っていたからである。『エッダ』によれば彼女は父の死後に生まれ、後にイェルムンレクに殺されたが、こちらも〔ニーベルンゲンの〕詩では四世紀のゴート王エルマナリクとして歴史化してきた。

ドイツ神話の漸次的発展から学んだことを、今度はギリシア神話に応用してみよう。それをめぐってヘラクレス神話が結晶化することになった歴史的事実があるのは明らかだが、同時代の歴史文書がないため、それらは『ニーベルンゲン』神話ほど明確には立証できない。けれど族長ヘラクレスはアルゴス王家の出と記されているので、こ

130　六―八世紀のフランク王国の東部地方で、今のフランス北東部・ドイツ西部・ベルギーを含む。
131　神話を歴史的事実として解釈する立場。
132　ヨルダネスとも、五五二年以後に没した歴史家。

とによるとアムピトリュオンと呼ばれる王の息子に、ヘラクレスという者がいたかもしれない。この王の子孫はしばし放浪した後、かつてヘラクレス支配下にあったギリシアのその部分を再征服したとされているからである。彼の奇蹟的誕生、数々の英雄的冒険、そして死に関する伝承は、ジーフリト伝説ほど歴史的事実に基づくものではなかった。キマイラやそれに類する怪物どもを退治するヘラクレスには、大蛇を退治したデルポイのアポロン像が反映されている。また、イダイオス、オリュムピオス、パンゲネトルといった名をヘラクレスが共有している、輝く天空神ゼウス像の反映も見られる。シグルズとグンナルの神話が、ブルグンドの王たちやアッティラやテオドリックにその最後の残光を投げかけているのと同様、太陽神ヘラクレスの神話も、アルゴスとミュケナイ[133]の半歴史的な何人かの王子のことと認められてきた。ヘラクレスはヘラクレイダイの民族神の名であったかもしれず、そうだとすればドリア人の移入以前、アルゴスで盛んに崇拝されていたヘラの敵意も説明されよう。かつてある神について語られていたことが、ヘラクレイダイつまりヘラクレスの崇拝者たちないし息子たちの長たるヘラクレスに移され、同時に、ヘラクレイダイとその長たちにまつわる多くの地方的・歴史的事実が、かの神的英雄の神話とともに作り出されたのであろう。ヘラクレスがエウリュステウスのいわば奴隷となるという観念は、太陽がもとになっている。それは太陽が足枷をはめられて働き、力と徳において自分に劣る人間たちのため苦役するという観念なのだ。こうしてジーフリトはグンナルのため労役し、[134]アポロンさえ一年間ラオメドンの奴婢となる。これらは、より抽象的な動詞がないために必要とされ、現代の詩人たちにも馴染み深い、含蓄表現なのである。

それとともに、
神の定めたもうたあの黄道に、
汝をつなぐ鎖によって、
そのつつましい歩みは正されて。[135]

133　ヘラクレスの後裔とされる名家。
134　先の「拘束」にあたる。
135　ワーズワース、既出。

神話の詩文

叙事詩や悲劇的詩文のその後の発展は、ギリシア的、インド的、あるいはテュートン的である。それは異なる空の異なる色、異なる気候帯の異なる温度を受け取る。否、それは偶然的・歴史的なものを多く引き付け、吸収することになる。しかし分解し分析するなら、古代の詩文全てに流れる血は、同じ血である。それは古代の神話的言語なのだ。アーリア人の早期詩文が育った雰囲気は神話的なものだったので、その中で呼吸していた者たちが抗しえなかった何ものかが充満している。それは現代韻文の魅惑的な声と似ており、共通の言語で書く詩人たちに多くの共通観念を示唆してきた。ギリシアやテュートンの詩人たちが、叙事詩の英雄たちをどう扱ってきたかは、よく知られている。今度は、浅黒いインド人がその神話伝承に見える名称の周囲に、同様に美しい霞を投げかけたかどうか、見てみよう。

カーリダーサの戯曲『ウルヴァシー』

プルーラヴァスとウルヴァシーの恋物語は、しばしばインドの詩人たちによって語られてきた。それは叙事詩にも、プラーナ文献にも、ブリハット・カターつまりインドで人気を博した伝説集成の『大説話』にも、見出される。それは多くの改変を蒙ったが、これから短い要約を示そうとしているカーリダーサの戯曲〈原註40〉中においてさえ、遠い背景が認められるのであり、長く忘却されていた言語の枯渇した名称に、この詩人が新たな命と人間感情を吹き込んだその手並みは、称賛して差し支えない。

第一幕は、ヒマラヤ山脈中のある光景から始まる。天女たちが神々の集会から帰る途中で攻撃を受け、妖魔に連れ去られていなくなったウルヴァシーのことを嘆いている。プルーラヴァス王が戦車に乗って登場し、彼女らの嘆きの理由を聞くや、かの天女の救出へ急行する。彼は盗賊を退治した後ただちに取って返し、ウルヴァシーを天女仲間たちのもとへ連れ戻る。しかしこの天女を仲間たちのもとへ連れ戻す車上、彼は彼女に、彼女は彼に恋をする。彼は、彼女が恐懼から次第に恢復《かいふく》するさまを次のように描写している。

彼女は恢復しつつある、かすかながらも。

夜闇に月がやさしげに、ゆっくり忍び行くように、

渦巻く煙の隙間から、炎が覗き見えるように、
かくも、
ガンジス河が、その昏迷の浪を解き、
砕けた土手の残骸が、息巻く流れを突き進んだのを、
呑み込んだ後、またもとのように澄んで静かに流れゆくごとく。

別れに臨んで、ウルヴァシーはもう一度プルーラヴァスを見るため振り返りたい、と望む。彼女は「まばらに生えた蔓草が自分の花飾りを引っかけてしまった」ふりをし、ほどこうと装いつつ、友の一人に助けを求める。友は答えて、

簡単にはできないみたい。からまってしまって、
すぐには解けないようよ。でも、何はともあれ、
友として任せてちょうだい。

それから王とウルヴァシーの目が合い、彼は叫ぶ。

本当にありがとう、愛しき草よ、そなたの親切のおかげで
我はまた一瞬、ほら見よ、
ほんの一時、それも不完全なれど、
あの、半ば顔をそむけた麗しさを。

第二幕で我々は、アッラハバードの邸内で王と出会う。彼は宮殿の庭に歩み入るが、そこにはバラモンが一人付き添っており、彼がこのインド演劇で道化役を演じる。彼は王の信任厚い友であり、ウルヴァシーへの恋を知っている。しかし彼は宮廷内の全員に、とりわけ王妃に対するこの秘密を暴露してしまうのを恐れるあまり、奥まった寺院に隠れる。そこで王妃の侍女が彼を見つけ、「朝露が草葉の上にとどまることのないように、奴《やつ》［バラモン］の胸中に、秘密がとどまることもありえぬ」と、王が妖魔との戦いから帰って以来、どうしてこれほど変わったのかを彼から知り、話を王妃に伝える。その間、王は絶望に暮れて嘆きをもらす。

水流に逆らいつつ、
なおも河勢によって押し戻される者のよう。

しかしウルヴァシーもプルーラヴァスを想って溜息をついており、彼女は不意に、仲間の一人と共に空中を降下し、王に会いに来る。二人は最初、彼には見えないまま〔自分の姿を見えなくする被衣《かずき》を着用しているため〕、その愛の告白を聞いている。するとウルヴァシーは樺の葉に詩を書き、恋人が座す四阿《あずまや》近くに落とす。次に女友達が姿を現し、ついにはウルヴァシー本人が王に招かれる。しかしややあってから、ウルヴァシーと友は神々の使者に呼び戻され、プルーラヴァスが道化と共に残される。彼はウルヴァシーが初めて恋情を明かしてくれた葉を探すが、それは風に吹き飛ばされ、なくなっている。

南風よ、愛と春の友よ、
花から薫りを盗み取り、
芳香を撒き散らすとも、どうして我から、
あの愛しき文字を、彼女が手ずから、
その愛を証してしたためたものを、奪うのだ？　ご存じであろう、
離ればなれの恋人が、独り心を焦がしては、

ああした甘美な思い出の品によってこそ生きゆくと。

しかし悪いことに、当の葉は王妃が拾い上げ、庭園内の王を探しにやって来る。夫婦喧嘩の場面の後しばらくして、王妃殿下は雨中の河流のように、急ぎ歩み去る。王はウルヴァシーに恋してはいるが、王妃への心からの敬意も認めているため、二重にみじめを感じる。しまいに彼は退場する。

日も半ばが過ぎ、暑さに憔悴して、
孔雀は大樹の根を潤す、
小さな水場に飛び込んで、蜂はうとうと
蓮のうつろな室《むろ》に眠り、
閉じる花弁に曇らされる。今や
生ぬるい池のへりでは、野鴨が
菅《すげ》の陰に潜み、ここでも、
針金の鳥籠から、鸚鵡《おうむ》が不平をもらしては、
渇きを鎮める水を求める。

第三幕の発端、ウルヴァシーがインドラ神の天界へ召還された時、彼女に何が起きたのかを、我々はまず知らされる。彼女はインドラの前で、美の女神の役を演じねばならず、ヴィシュヌを夫に選ぶはずであった。ヴィシュヌの名前の一つはプルショータマだが、ウルヴァシーは気の毒にも、誰を愛しているか告白するよう求められ、自分の演じている役柄を忘れて、「私はプルショータマを愛しています」と言わずに「私はプルーラヴァスを愛しています」と言ってしまうのだ。劇作家はこの間違いに激怒し、ウルヴァシーが神界の智慧を失うよう、呪いをかけた。しかし上演が終わると、彼女が恥ずかしそうに、やるせなげに離れて立っているのをインドラは見て、彼女を呼んだ。彼女の想いを一杯にした人間は、危難時に自分の僚友だった、と彼は言った。神々の敵と闘争した際、王は彼を助けてくれたので、感謝していると。よって彼女は王のもとへ赴き、「彼のために産むこととなる子供を見届けるまでは」彼のもとに留まるべし、と。

第二場の開始は、宮殿の庭である。王は国事に励んでいたが、夕べが近づいて退出する。

かくて日も暮れる、国事の焦慮のため
私事に悩む暇もなかったが。
けれど夜をいかに過ごそう？　わびしくも長々しく
心休まる見込みもなし。

王妃のもとから使者が到着し、楼閣のテラスで陛下にお会いしたいとの願いを伝える。
王はそれに従い水晶の階段を登って行くと、今や月が昇ろうとして東方が紅く染まる。

王　まさしくその通り。まだ見ぬ月輪に
照らされて、夕闇が
両側に退き、中間に
地平線は明るみ、あたかも美貌が
両の眉の上、房になって垂れ下がる
漆黒の巻き毛の狭間に微笑むように。いつまでも眺めていたい。

王妃を待っているうちに、王はまたもウルヴァシーへの想いが募ってくる。

まことに、我が甘い想いは
歓びが遠ざかると見え、新たなる障害が
我が幸いを遮れば、なおさら
燃え盛る——あたかも激流が、
荒岩にとどめられ、しばし速度を
ゆるめ、やがて荒れ狂う水流に膨れ高まって
いや増す奔騰《ほんとう》に流れ去るように。
月が輝きを広げるように、我が愛も
夜が更けるに従って強まりゆく。

突然、ウルヴァシーは友に連れ添われ、天車に乗って登場。二人はまたも不可視のまま、王の言葉に耳を傾ける。しかしウルヴァシーが被衣を脱ごうとした刹那、王妃が現れる。彼女は白い衣で、装飾品は着けていない。夫を慰めに近づき、誓いを立てる。

王　実に我を喜ばす者よ。かくも貞淑な

白い衣をまとい、房をなす巻き毛を飾るのは
聖なる花々のみ、高慢な物腰は
柔和な献身に取って代わられ、このように装って
より麗しく、やって来るとは。

王妃　陛下、妾《わらわ》はとある願行を行ないます、
その対象はあなたですから、しばしの間、妾がここに居ることで
おかけするかもしれないご迷惑を
お忍びくださいますようお願い申します。

王　お前は誤解しておる、お前が居るのはありがたきこと。
……どうか信じてほしい、しなやかな蓮茎のように
か細くか弱い、その柔和な身を、
粗野で質素な衣に包むのは由ないことよ。
我はお前の僕《しもべ》、それを慰めるのに
心配はいらぬ――お前の恵みは、我が歓びなのだから。

王妃　我が君の、これほど丁重なお言葉を
いただきましたからには、妾が誓いも無駄ではありません。

それから王妃は、厳粛な誓式を行ない、月神の名を唱える。

聞けよ、そして証せよ、
我が夫に妾のなす聖なる約言を!
いかなる天女が我が君の好意を惹いて、
互いの愛の絆を交わそうとも、
妾はこれより先、その者を丁重かつ親切に扱うと誓う。

バラモン　(王の信頼厚き友) プルーラヴァスから離れて——断手刑の前に逃れ得た罪人は、二度とかくなる危険を冒すまいと決意するとは言うが。(声に出して) 何と、では陛下は王妃殿下にとってどうでもよいと仰せか?

王妃　賢明じゃ、おぬしいかに思うか——我が君の幸せを推し進めるため妾は自らの幸から身を引くのじゃ。かくなる所存がもはや愛しの君ではないことの証というのか?

王　我はお前の疑うがごとき者ではない。権限はお前のもの。我を好きに扱うがよい。
お前の気に召す者に我を与えるもよし、お前が望むなら、
我をなお僕として留めおくもよし。

王妃　どうぞお好きなように。
妾の約言は誓われました——もしそれで
あなた様がご満足なら、誓式も無駄ではなかったはず。さあ
娘たちや、暇乞いの時ですよ。

王　そのような。
かくも早く去るとは、宥恕《ゆうじょ》の印でないというように。

王妃　お赦しくださりませ。自ら厳粛に背負いました
義務を怠るわけにはまいりませせぬゆえ。

東洋の舞台においてほとんど期待できないような役を王妃が演じた、この夫婦間の和解の場面に続いてただちにウルヴァシーが現れるというのは、王の役柄をあまり好ましい光のもとにさらすものではない。彼女は、王と王妃の先の会話の間、見えない状態とはいえその場にいたのだが、今や王の後ろから歩み寄り、その両手で王の両目

を隠すのである。

これはウルヴァシーに違いない（王の言葉）。
それ以外の手が、我が衰弱した肢体を通し、
これほどの陶酔を注ぎうるはずはない。陽光は
夜の麗しい花を目醒めさせはせぬ。それは
月がいとしく現れたのを感じてのみ、開くのだ〈原註41〉。

ウルヴァシーは王妃の辞去を真に受け、王が正当に譲り受けられたと主張する。その友は退出し、彼女は今やプルーラヴァスの愛する妻として残される。

ウルヴァシー　申し訳ございません、
我が君がかくも長いことお苦しみなされることとなり。

王　いや、そんなことは言わないでくれ！　嘆きの後の歓びこそは
去った苦悶から、より豊かな刺激に溢れる。
酷暑の昼、ふらふらと道を辿る

旅人のみが、安らぐ木陰に匿われるありがたさ、
甘い悦びを知りうるのだから。

次の幕はこの演劇全体の至玉であるが、現代的劇場でも提供しかねるような舞台装置なくして、いかに上演できたのか想像しがたい。それはメロドラマ風の間奏曲で、この劇の残りとは形式がきわめて異なっている。全て韻文、しかも最も完璧かつ高度に洗練された韻律をとっている。のみならず、サンスクリットではなくプラークリットすなわちインドの民衆語で書かれており、形態上は貧弱だが、音としてはサンスクリットよりもメロディアスである。詩節の中には合唱隊により演じられるアリアのようなものもあるが、手稿に与えられている舞台演出は非常に専門的で、その正確な解釈はきわめて困難である。

まず、ウルヴァシーの命運を嘆く天女たちの合唱がある。彼女は王とともに森の茂みの中で、幸福を邪魔されることなく暮らしていた。

天上恒河《マンダーキニー》の岸辺にて、たのしく
逍遥していたとき、天女がひとり、

その砂岸に飛び回っていたが、これが
大王の目に留まり、——そして
ウルヴァシーに嫉妬の憤怒を起こさせた。
かくも激怒して、
彼女はカールティケーヤ神の杜は女人禁制との
掟をすっかり忘れてしまった。禁域を越えるや、
彼女は今や、違反の罰で、細い蔓草に
変ぜられ、自由の身になる時を待ち焦がれている。

嘆きの調べが空中に聞こえてくる。

柔らかな調べが低く天に響き渡る、
そこでは天女らが仲間を嘆き、
一緒に飛びつつ、もはや会えぬ
友を惜しむ。
悲しい旋律で起こるのは

水流上の白鳥の哀歌

紅い蓮が、波の上、
　東の陽射しに花開くとき。
池の中には蓮が輝き、
　その花びらは陽光に開き、
白鳥は失われた友を嘆きつつ、
　悲しげにゆっくりと独り流れを泳ぎゆく。

ここで王が登場するが、その形相は狂気を帯び、衣装は乱れている。場面は野生林で、上空には雲が集まり、象、鹿、孔雀、白鳥が見える。岩と滝があり、雷雨が起こる。王は初め、花嫁を連れ去った悪魔と誤解して、狂乱のあまり雲めがけ突進する。

止まれ、裏切り者め。飛ぶのをやめよ——待て。
ああ！　お前は我が美しい花嫁を、どこへ運んで行ったのだ？
そして今、その矢が我を刺す、雹《ひょう》のように厚く、

あの峰、その鋭い頂きが天を貫くあの峰から、
雨あられと我が身に降りかかる。
(攻撃するように前進し、立ち止まり、見上げる。)
あれは悪魔ではない、友なる雲だ――
敵たる矢筒ではない、インドラの弓だ。
涼しげに雨滴が落ちる、刺つきの鏃《やじり》ではない。
稲妻を、我が愛しき人と見まがっていた。

この荒れ狂う旋律は、離ればなれになった恋人たちの悲運を嘆くアリアによって中断される。しかし、この全体の真の美しさを理解するには、いま掲げることのできる以上に、ずっと完全な抜粋をしなければ無理だ。次の一節を挙げれば充分であろう――

ああ！　見るもの全てがただ
我が憂いを重くするばかり。あの明るく垂れた花々が、
露をはらめば、まるで彼女の両目が
きらめいて涙があふれようとするのに似ている。どうしたら、

彼女がこの道を通ったはずなどと分かろうか？

彼は様々な鳥に声をかけ、愛しい人を見なかったか尋ねる。孔雀すなわち「蒼暗い喉と漆黒の目をもつ鳥」に、「恋人たちが愛の伝言人と見なす」郭公《かっこう》に、北へ泳ぎ「その優雅な足並みで、彼女を見たと告げている」白鳥たちに、また夜間はつがいと離れている鴛鴦《チャクラ・ヴァーカ》の雄鳥に。しかしいずれも答えはなかった。この鳥も、蓮の花弁の中でぶんぶんいっている蜂も、カダンバ樹のもとで雌象と横たわっている王者たる象も、失われた者を見なかったという――

王　雌象から奴は枝を受け取る、
雌の鼻が樹脂薫る木から折り取った枝――
何と豊かに新芽と芳香に満ちていることか。
彼はそれを一呑みにする。
　山ふところの奥深く、
ぽっかりと開いた峡谷――その影は、常に
訪れる天地の妖精たちのもの。おそらくは、

我がウルヴァシーは今ごろ洞穴の中、
冷たく孤独に潜んでいるのでは。入ってみよう。――何も
かもが真っ暗闇だ。稲妻が閃いて
我を導いてはくれぬものか――駄目だ、雲はその気配もなし――
かくも我が命運はままならぬ――我にあの
枝分かれした光線を注いでくれはせぬ。ままよ。
退こう――しかしまず、あの岩に尋ねてみよう。

アリア

硬い爪と丈夫な胸板で、
猪は森じゅう這い回り、
地面を掘り返しては、林の
最も暗い径でも、餌を探すに余念がない。
言ってくれ、山よ、その広い裾野に
森のへりを閉ざしている山よ、――どうか教えてくれ、

汝は天女を見なかったか、愛の花嫁のごとく美しく、
細き肢体で汝の嶮岨《けんそ》を登らなかったか、
さても疲れて、汝の冠なす森に休まなかったか？
いかに！　返事は？　遠くて、聞こえないのか——
もっと近づいてみよう。

　　アリア
水晶の頂きから輝く泉が
花々なす山腹を流れ下り
天の精は歓喜して歌う、
　峰の間に彼が隠れようとするとき。
言ってくれ、山よどうか、——我が
愛しい人の両足は、この静かな隠遁地を踏んだのか？
今、我が望みによりて、彼は答えてくれた！　見たと言った。
彼女はどこだ？——言ってくれ。何てことだ！　また騙された。

我が耳に入るのは、我が言葉のこだま、
洞窟のうつろな口の周りに響きわたり、
何度も言い返してきただけのこと。ああ、ウルヴァシー！
我は疲れてしまった。休もう、
この山渓の岸の上に、
そして冷たい河波から、涼を運ぶ
風に当たり、英気を養うとしよう。
流れを見ていると、新たに膨らんだ水は、
まだ濁って流れているが、なんとおかしな想像が、
我が魂を占めることよ、そして悦びで満たすことよ。
さざ波立つは彼女のひそめた眉毛のごとく、
羽ばたくコウノトリの列は、彼女のおずおずした舌、
泡立つしぶきは、彼女の白くゆるめまとった衣、
そして流れのうねり進むさまは、
彼女のくねる足つき。これら全てが、すぐに気分を
損ねてしまった我が恋人を思い出させる。機嫌をつくろわねば……

恋人が最初に消えてしまった所へ戻るのだ。あれに
あそこに、黒い鹿がうずくまっている。あれに
尋ねてみよう。おお、羚羊《かもしか》よ、見よ……
何と！　目を逸らして、まるで我が訴えを
聞くまいとしているかのようだ！　いや、あれは心配げに、
雌鹿がやって来るのを見守っているのだ。雌はゆっくり、
近づいている、陽気な子鹿が歩みを遅らせているのだ。

しまいに王は、紅く輝く宝玉を見つける。それは出会い石で、その力強い呪力により、ウルヴァシーを恋人のもとへ戻してくれることになる。彼はそれを両手に握り、蔓草を抱くと、それは今やウルヴァシーに変ずる。宝玉はウルヴァシーの額に据えられ、王とその天の妃はイラーハーバードに戻る。

あの雲は
我々の綿毛の車となり、我らを疾《はや》く
軽やかに運んでくれ。稲妻の波は

その照り輝く旗となり、インドラの弓（虹）は
　頭上に天蓋としてかかるがよい、
　その彩なす眩い色どりもって。

（雲に乗って退場。音楽。）

最後の第五幕は、不運な出来事から始まる。一羽の鷹が再会の紅玉を持ち去ったのである。盗んだ鳥を射るよう命令が発せられ、やや間《ま》があって後ひとりの森人が、それにより鷹が射殺された矢と宝石とを持参する。矢柄には刻字が見出され、それには、矢はウルヴァシーとプルーラヴァスの息子アーユスのもの、と記されていた。王はウルヴァシーが息子をもうけたことなど全く知らずにいたが、不思議に思っているその時、一人の女性苦行者が弓を携えた少年を率いて入場する。これこそウルヴァシーの息子アーユスで、敬虔なチャヴァナ仙に託され、森林中で教育を受けて、今その母のもとへ戻されたのであった。王はただちにアーユスを息子と認める。ウルヴァシーも来て彼を抱く。

　彼女の眼差しは

彼をじっと見つめ、その波打つ胸は
被ったスカーフを引き裂かんばかり。
しかしなぜ彼女は子の誕生を隠したのだろうか？　そして今彼女が不意に泣き出し
たのはどうしてか？　彼女自身が王に告げるに、

あなたへの愛ゆえに、欣喜《きんき》して天の御門《みかど》を
離れた折、〔インドラ〕大神は御旨《みむね》をこう仰せになりました、
「行って我が友なる王と幸福に暮らせ、
だが汝のもうけるだろう息子を見たら、
ここへただちに帰って来るのだ」……
定めの時は過ぎました、我が形見に
その父をお慰めすべく、息子は戻りました。
もはや猶予はなりませぬ。

王　夏の暑さに萎えていた樹が、
慈雨に生気を取り戻し、若葉を

芽吹かせたのに、何と！　雷が
その梢《こずえ》に襲撃し、大地に引き倒してしまうとは。

ウルヴァシー　けれど妾に何が残されておりましょう？　地上での務めは
全うしました。去ってしまえば、王にはすぐにお忘れになられま
しょう。

王　最愛なる者よ、断じて。我らが思い出を、
愛する者らから引き裂くのは、むごい仕打ち。
なれど全能の神には頭《こうべ》を垂れねばならぬ。汝は、
その主に従うがよい。我は、位を
我が子に譲り、これ以後は
侘びしき森で、鹿らと嘆き暮らすとしよう。

若き王の戴冠準備がなされていると、そこへ新たな仕掛け神《デウス・エクス・マキナ》[136]たるナーラダ仙が、
インドラ神の使者として現れる。

使者　長寿なれかし！　王よ、よく聞け、

全知全能なるインドラ神は、
我により、かく御旨を告げ知らせたまう。
汝が慨嘆のあまり隠遁せんとするは止め、
ウルヴァシーと終生ともに、
聖なる契りを結ぶがよいと。

この後、全てが円くおさまる。天女らが天空から降って来て、天なるガンジス河の水を入れた黄金の壺、王冠その他の調度一式をととのえる。王子は国事の協力者として立太子され、皆うち揃って、天女ウルヴァシーのため自らの権利から寛大にも身を退いていた王妃のもとへ拝謁に行くのである。

136　古代ギリシア・ローマ演劇で混乱した劇の筋を解決し、大団円をもたらすために登場する神。

オルペウスとエウリュディケ

こうして、ここにあるのは完全な開花だが、その茎をたどるとプラーナ文献や『マハーバーラタ』を経て、ブラーフマナ文献や『ヴェーダ』に至る。ただしその種子は、全アーリア語が活力と養分とを吸い上げている、あの肥沃な言語層に深く埋められているのである。カーライル氏[137]は「このように、伝承というものは一本の根しか持たないかもしれないが、育てばバンヤン樹のように、迷路なす枝葉を頭上に広げた一大樹を成す」[138]と言った時、神話の核心を深く見抜いていた。プルーラヴァスとウルヴァシーの物語全ての根は、古代言語が好んで用いる、短い諺風の表現であった。たとえば「ウルヴァシーはプルーラヴァスを愛する」の意味は「太陽が昇る」であり、「ウルヴァシーはプルーラヴァスの裸体を見る」は「曙は去る」であり、「ウルヴァシーはプルーラヴァスと再会する」は「陽が沈みゆく」を意味した。プルーラヴァスとウルヴァシーの名はインドで発展したもので、それらがすっかり同じ形で他のアーリア語に見られるとは期待できない。しかし、同じ観念はギリシアの神話的言語にも浸透している。そこでは、曙光を指す多くの名前の一つはエウリュディケであった〈既出原註

37)。彼女の夫の名オルペウスは、ギリシアの多くの語と同じく説明不可能だが、それはサンスクリットのリブないしアルブである。これはリブ三神の名として最もよく知られているが、『ヴェーダ』ではインドラの異称、太陽の一名として用いられた。よって古伝は、次のようなものだった――「エウリュディケは蛇（つまり夜）に咬まれて死に、下界に降る。オルペウスは彼女を追い、振り返らないと約束するなら妻をついて行かせるとの承諾を神々から得る。オルペウスは約束し、暗い下界から上がって来る。彼が昇って来る間エウリュディケはその後ろにいるが、疑念か愛情かに惹かれて、彼は振り向いてしまう――つまり最初の陽光が曙を見たため、曙は薄れて消えるのである」。古代の詩人たちは好んで太陽を名乗ったから、オルペウスという名の詩人が古く存在したかもしれないが、そのような者が存在したにせよしなかったにせよ、確かなことは、オルペウスとエウリュディケの物語は実際の出来事から借用されたのでもなければ、何の誘因もなく発明されたのでもない、ということだ。インドでも、リブの神話は単なる名前の類似のみにより、地方的・歴史的色合いを帯びてきた。

137　一七九五―一八八一、イギリスの歴史家・評論家。
138　The Niebelungen Lied, *Westminster Review*, No. 29, 1831 より。

ブリブという名の男ないし一族は（『リグ・ヴェーダ』VI・46・29〈原註42〉（正しくは46・31―33）〉、バラモン共同体に受け容れられた。彼らは大工で、バーラドヴァージャ[139]に物質的援助をしたらしい。彼らはヴェーダの神々を持っていなかったため、リブが彼らに与えられ、本来人間たるブリブ族のものに過ぎなかった多くの物がこれらリブ神たちに帰せられることとなった。こうした歴史的事実が神話学的分析に劣るわけではないが、真に神話学的な事実は、その実証法を知ってさえいれば、直ちに解答を与えてくれる。この古代言語をアーリア諸族の共通言語に翻訳するための、文法が存在するのだ。

愛の曙

結論を急がねばならない。しかしアーチ形建物のように、各々の石自体はまさに落ちようとしていながら、アーチ全体は最も強い圧力にも耐えるのに似た主題を、離れようというのは難事である。そこでもう一つ神話を。――我々は、太陽と曙光がいかに多くの愛情表現に暗示を与えたかを見たわけだから、アーリア諸族は分離以前、神々のうちで最古の神、すなわち愛の神を知っていたかと、問うてもよかろう。エロスはこれほど遠い歴史の覚醒期に知られていただろうか。そしてアーリア人が彼を呼んだ名によって、何が意味されていただろうか？　一般的語源説は、エロスをサンスクリットの語根 vri ないし var 由来とするが、これは選ぶ、選び出すことを意味する。

さて、もし愛という名詞が現代の舞踏場で最初に創出されたのなら、そうした語源説も擁護可能かもしれないが、秤にかけ、比較し、抜け目なく選ぶという観念は、強靭で真実な心に、愛の最もきわだった特徴と感じさせはしなかっただろう。できる限り想像を働かせてみよう、心の呼び声に自由に従っていた、若々しき人類の健康かつ強靭な感情を。洗練された社会の規則や偏見に束縛されることなく、本性と恩寵とがどの人間の心にも刻み込んだ法則によってのみ、動かされていた感情を。想像してみよう、愛によって、どこから来て自分をどこへ連れ行くのかも分からない感情、どう名づけたらよいかすら分からない衝動によって、突然ぱっと明るくなった心を。それに名前が欲しかったとしたら、彼らはどこを見たであろうか？　愛は彼らにとって、眠りからの目覚めに似てはいなかったか？　それは彼らの魂に天空の輝きを射し放ち、

139　聖仙（リシ）の一人。

眩い温もりを彼らの心に浸みわたらせ、彼らの全存在を爽風で浄め、彼らの四囲の全世界を新たな光で照らし出す、夜明けに似てはいなかったろうか？　もしそうだったとしたら、愛を表現できた名は一つしかなかった。愛の曙を告げるばら色の光華に似たものは一つしかなかった。それこそは夜明けの紅潮、日の出だったのである。我々が「愛している」と言うところで彼らは「日が昇った」と言い、我々が「愛はおわった」と言うところで彼らは「日が沈んだ」と言ったのだ。

エロスの語源

これは臆測ではあったが、現代語の足枷を投げ棄てさえすれば、古代語の分析により完全に確かめられる。曙光の名はサンスクリットではウシャス、ギリシア語のエオス（῾Εως）で、いずれも女性名詞である。しかし『ヴェーダ』には男性名詞の曙光、と言うより明けゆく太陽（Agni aushasya、〔ギリシア語の〕エーオーオス ̓Εῷος）も知られており、この意味ではウシャスはギリシア語で、エロス（῎Ερως）という形を採ったと考えてよい。[140] Sはしばしばrに変わる。サンスクリットでは、中間母音の前のsがrになるのが一般的規則である。ギリシア語では、ラコニア方言でος の代わりに

ορの形を採る（アーレンス[141]『ドリス方言について』〔一八四三年〕第八節）。ラテン語では、二つの母音に挟まれたrは古碑銘ではしばしば、より原形に近いsとして存在する（asa = ara）。ウシャスという語自体、ラテン語ではauroraという形を採ったが、これは媒介形のauros、aurorisに由来するもので、それはfloraがflos、florisに由来するのと同様である。

しかし、こうした類比がいかにももっともらしく見えようとも、もし比較言語学者がこの方法でサンスクリットのshからギリシア語のrへの変移を確言できると想定するなら、それは単なる目くらましに過ぎない。否、その他の言語がどんな類比を呈しようとも、二つの母音に挟まれたサンスクリットのshがギリシア語のrに代わられたとは、いまだかつて証明されたことがないのである。よってエロスはウシャスではありえない。

けれどなお、エロスは明け方の太陽である。『ヴェーダ』で太陽はしばしば走者、速き競走者、ないし単に馬と呼ばれるが、もっと人格化の進んだギリシア神話や『ヴ

140　開母音と閉母音の中間音色をもつ母音。
141　一八〇九―八一、ドイツの古典学者。

ェーダ』の多くの箇所では、それは戦車に立った姿で表され、『ヴェーダ』では二頭・七頭・十頭の馬により牽かれるのだが、ギリシア語にも四頭立て戦車が見られる。

　見よかなたには、日輪の車駕《テトリッポン》も燦然と
　はやくも陽の神《ヘリオス》は　大地を照らし。[142]

これらの馬はハリタス（Haritas）と呼ばれ、常に女性名詞である。それらはbhadrâs「楽しき、歓喜せる」（『リグ・ヴェーダ』）Ⅰ・115・3）、*kitrâ's*「多色の」（Ⅰ・115・3）、ghṛitasnâs「露を浴びた」（Ⅳ・6・9）、*svaṅkas*「美しく歩める」、vîtaprishthâs「愛すべき背の」（Ⅴ・45・10）などと呼ばれる。たとえば、

『リグ・ヴェーダ』Ⅸ・63・9——太陽は十頭の馬を旅路のため繋げり。
『リグ・ヴェーダ』Ⅰ・50・8——七頭の馬よ明るき太陽を汝の車上に運べ。
『リグ・ヴェーダ』Ⅳ・13・3——七頭の馬が彼、世の監視者太陽を運ぶ。

しかし他の詩節では、これらはもっと人間の形を採っており、また曙光は単に

asvâ「雌馬」と呼ばれることもあるが、これは姉妹を指す名詞としてもお馴染みなので、これらの馬は七姉妹と呼ばれることもあり（Ⅶ・66・5）、一詩節では「美しい翼を持つ馬」（Ⅸ・86・37）として現れる。ここまで来れば、これらがギリシアのカリテス（Charites）〔美と優雅の女神カリスの複数形〕の原型であることは、言うまでもない。

私は、こうしてカリテスをサンスクリットのハリタスと認めたことで、比較神話学に開かれる道程を辿ってみることにするが、彼女らが非常にしばしば共に現れるエロスへと戻って来なければならない。もし、ギリシア語やサンスクリットにより採用された、アーリア諸語に共通する単語の変化を律する法則に従って、エロス（ἔρως）をサンスクリットに変換するなら、派生接尾辞のως、ωτοςが完了分詞の語尾と同じであり、よってサンスクリットのvant（vânに関し主格vâ、属格vatas）に対応することが見て取れる。サンスクリットには短母音eはなく、ギリシア語のρはサンスクリットのrに対応するので、Ἔρως、ἔρωτοςがもしサンスクリットに存在したとするなら、Árvân、árvatasという形を採ったであろう。さてárvanは後代のサンスクリットでは馬しか意味しないが、『ヴェーダ』ではその根源的活力をより多く保持しており、

142　エウリピデス『イオーン』八一―八二行。

速い、走る、激しいといった意味で用いられる。これはしばしば太陽に適用され、太陽の名を表す詩節もあれば、馬ないし騎手を意味する名詞として用いられる詩節もある。こうして、古代語の同義的特徴がもたらした不可避の影響により、話者が何ら詩的努力をせずとも、太陽をarvanと言った者は、同時に馬や騎手とも言っていたのである。このarvanという語は、単に動きの速い太陽を表現する意図しかなかったのに、別の観念をも発動させ、次第に太陽を馬や騎士へ変えてしまった。arvanはI・91・20などの詩節では、馬を意味している――

ソーマ神は我らに雌牛を与え、ソーマ神は我らに速き馬を与え、ソーマ神は強き息子を与える。

この語は『リグ・ヴェーダ』I・132〔正しくは152〕・5では騎手を意味する――

馬なくして、馬勒なくして、騎手が生まれり。

ここで騎手と言われているのは昇る太陽のことであり、太陽を馬と呼びかける讃歌は枚挙に暇がない。否、言語と思想の発展が速いあまり、『ヴェーダ』では神話がいわば自らに立ち戻っている。詩人たちの一人は（Ⅰ・163・21（正しくは2））神々《ヴァス》を讃えるが、それは「太陽よりして馬を形づくれる」からである。こうして árvan は、何ら形容詞も説明もなく独りでに、sûrya、âditya といったその他の古称同様、太陽の名前となってゆく。『リグ・ヴェーダ』Ⅰ・163・3で詩人は太陽に告げる、「汝、おおアルヴァン（馬）よ、汝はアーディティア（太陽）なり」と。また（Ⅵ・12・6）アグニすなわち太陽が、同じ名で祈願されている。すなわち「汝、おおアルヴァンよ、悪しき報せから我々を遠ざけよ！　おおアグニ、全ての火を点けられたる者！　汝、富を与え、汝、あらゆる禍を去らせよ。我らをして、百の冬を幸いに暮らせしめよ、よき子孫を持たしめよ」。

インドでのこの太陽名の糸が、どのようにしてギリシアの愛の神という最初の布地に織り込まれたかを示す前に、時として馬すなわち太陽光線はハリタスだけでなく、ローヒタス（rohítas）およびアルシス（árushis）とも呼ばれていることに注目しなければならない。『リグ・ヴェーダ』Ⅰ・14・12には「A′rushîs を戦車に繋げ、おお明るきアグニよ！　Haríts を、Rohíts を！　これらとともに神々を我らのもとへ運び来たまえ！」とある。これらの名は元来は単に白い、明るい、茶色い、を意味する形容詞だったかもしれないが〈原註43〉、それらの異なる色と性格とに応じて、やがて神々に属する特定の動物名へと発展した。それゆえ次のように見える。

『リグ・ヴェーダ』Ⅱ・10・1――汝輝けるアグニよ、我が祈りを聴け、黒馬(syâvâ)二頭が、あるいは茶の馬二頭(róhitâ)が、それとも白馬二頭(arushâ)が汝の車を牽こうとも。

さらに、

『リグ・ヴェーダ』Ⅶ・42・2――汝が小舎にいる、Haríts と Rohíts を、また Arushás を繋げ。

馬に árvat の語が用いられているように、雌牛には árushî の語が用いられている。たとえばⅢ・53・3で詩人は、百頭の雌牛（árushînâm *kátuḥ satám*）を受けたと述べる。これら árushîs つまり輝く雌牛たちは、より特定的には曙光に属しており、「夜が明ける」と言う代わりに『ヴェーダ』の古い詩人たちはしばしば「輝く雌牛らが戻って来る」（『リグ・ヴェーダ』I・92・1）と言う。すでに Hatits が時に七姉妹に変えられるのを見たが、A'rushîs もまた元来は輝く雌牛だったのが、同様の変身を遂げた――

『リグ・ヴェーダ』X・5・5――七姉妹、A'rushîs（輝ける雌牛ら）は、太陽を知った。またX・8・3では――太陽が飛び昇ると、A'rushîs はその体を水中で浄め潤した。

サンスクリット学者たちには言わずもがなだが、この árushî は実は árvâ ないし árvân の女性形で、他に árvatî という女性形もある。ちょうど vbidvâ'n「知っている」がその女性形 vidúshî（*kikitvã'n, kikitúshî*）を形成するように、árvâ(*n*) も árushî を作り、この形はギリシア語における過去分詞女性形の形成をすっかり説明してくれる。このことは次の等式により示されよう。すなわち vidvâ'n : vidúshî = εἰδώς : εἰδυῖα。我々の目的にとっては、árvâ から árushî への変移が重要である、なぜならそれは arvat 由来の別の語、つまり太陽という語の起源にも新たな光を投げかけるからだ。これは arushá という男性名詞で、『ヴェーダ』でも太陽の最も頻用される添え名ないし名称の一つである。Arushá（属格 ásya）は弱変化に従うので、διάκτορ, ορος のようにではなく διάκτορος, ου のように、ラテン語 vas, vasis ではなく vasum, vasumi のように、プラークリット *k*aratsu ではなく *k*aranteshu のように、現代ギリシア語 ἡ νύξ ではなく ἡ νύκτα のように形成される。サンスクリット学者は次の等式によって、これを最もよく理解できよう——

árvâ（走る）: árus : arushá = párva（結び目）: párus : parushá.

このarushá の『ヴェーダ』での用例は、ギリシアのエロスの近くへ、期待しうる距離まで導いてくれる。というのも arushá は輝けるの意で用いられるからだ——

『リグ・ヴェーダ』Ⅶ・75・6——明るい斑の馬らが、我らを輝ける曙へ運ぶさま見ゆ。

インドラ、アグニ、ブリハスパティの馬たちは〈原註44〉、風のように速く太陽のように明るく、暗色の雌牛すなわち夜の乳をなめる者らで、arushá と呼ばれる。夜明けに燃える太陽から立ち上る煙、太陽が天へ駆け登る脚、インドラ神が投げる雷電、昼夜に見られる火、これらはすべて arushá と呼ばれる。「天地を光で満たし、闇のなか空を駆け、夜の黒牛たちの中に見える者」[143]が arushá ないし輝ける雄牛（arushó vrishâ）と呼ばれる。

童子神エロス

しかし、まさにこの Arusha は『ヴェーダ』において、ギリシア神話と同様、子供として表されている——

『リグ・ヴェーダ』Ⅲ・1・4——彼アルシャが強力もて生まれし時、七姉妹が彼、明るく白き者を養えり。馬らが生まれし仔馬のもとへ赴くごとく、日輪が生まれしとき神々は彼を育てしなり。

143　『リグ・ヴェーダ』Ⅵ・48・6。

Arusha は『ヴェーダ』では常に若い太陽で、闇夜を追い払う太陽、この世を目覚ます最初の光線を送る太陽である――

『リグ・ヴェーダ』Ⅶ・7・1――その姉妹たる曙から夜は去り行き、暗き者はアルシャに径を開ける。

彼のさまざまな名前の中には、意図せずその動物的特徴に言及したものもあるが、彼はやがて純粋に人間の姿を採るようになる。つまり Nrikakshâs「人の目を持つ」(Ⅲ・15・3)と呼ばれ、またグリムが知ったら喜ぶだろうが〈原註45〉、両翼までもが生え出し、『ヴェーダ』では一度(Ⅴ・47・3)、Arusháh suparnás「美しい翼を持てる、輝ける太陽」と呼ばれている。

翼もてるエロス　そはまこと　死すべきものどもの呼べる名なり
されど不死なる神々は　これをプテロースとこそ呼べれ　翼《プテロン》生《お》いしむるその力
ゆえに。[144]

エロスがゼウスの子であるのと同様、アルシャはディアウスの子（*Diváh sisus*）と称される。

『リグ・ヴェーダ』Ⅶ〔正しくはⅣ〕・15・6――彼アグニ神を、彼らは敬いて日々、競走を終えた馬のごとく浄める――輝ける太陽アルシャ、ディアウス（天）の幼子のごとく。

『リグ・ヴェーダ』Ⅵ・49・2――アグニを拝せん、天の子にして力の子息アルシャを、犠牲の眩き光をば。

この子供は神々の初子である。というのも、彼は agre ahnâm「毎日が明けんとする時に」来り（Ⅴ・1・5）、ushasâm agre「夜明けの初めに」来る（Ⅹ・45・7〔正しくは5〕）からだ。しかしある詩節では、彼には外見の異なる二人の娘がいるとさ

144　プラトン『パイドロス』252C。

れる。一人は星々に被われ、もう一人は日光に照らされた娘、すなわち昼と夜であり、他の場所では太陽の娘らと呼ばれている。アルシャはギリシア語の意味における愛の神としては現れないし、『ヴェーダ』では愛というものが、単なる感情として何らかの名のもとに神格化されてもいない。カーマは後代のサンスクリットにおける愛の神だが、『ヴェーダ』では人格的ないし神的な属性を持って現れはしない。ただ例外は第一〇巻のある詩節で、そこで愛は一人の人間存在というよりは創造力として表されている。しかし『ヴェーダ』には別の詩節、愛カーマが明らかに昇る太陽に適用されている箇所がある。この讃歌全体（II・38・2―6）はサヴィトリすなわち太陽に対する呼びかけである。そこでは「彼は力強き炎として昇り、広く両腕を伸ばし、風のごとくでさえある。彼がその馬たちを止めると、全活動は停止し、夜がその道程に従う。しかし彼女が織物を半ばまで終える前に、太陽はまた昇る。それからアグニは全ての人間、全ての家々へ行く。彼の光は強く、彼の母たる曙は、彼に最善の分け前、すなわち人間における最初の崇拝を与える」。それから詩人は続けて――

勝利を求めて広く駆け回りし彼は帰り来る。人みなの愛は近づく。永遠が到れり、（夜の）仕事を半ばにして。彼は天なるサヴィトリの掟に従えり。

「人みなの愛」とは、彼が人みなに愛される者であること、あるいは人みなの願いを叶える者であることを意味するのかもしれない。けれども私には、愛カーマがこのように昇る太陽に適用されているのは、偶然とは思われない。

また愛の神、曙光の愛人がもともと太陽の特徴を有していたことは、後世プラーナ文献の諸伝承においてさえ忘れられなかった。というのも、カーマの息子アニルッダ、抗えない者（ἀνίκατος μάχαν）[145] に与えられた名前の一つはウシャーパティ、すなわち「曙光の主」だからである。

『ヴェーダ』で、アルヴァトとアルシャの名をめぐって群をなしている観念・言及すべてをはっきり心に留めるなら、エロスについて語られた様々な神話が、一見したところこれほど矛盾に満ちていたのに、完璧に理解可能になる。彼はヘシオドスにおいては諸神のうち最も年長で、まだカオスと大地しかない時に生まれている。ここには「アルシャは日々の初めに生まれた」がある。彼は神々の中で最も若く、ゼウスの息子、カリテスの友、そして主要なカリスたるアフロディテ——その内に我々はエロス

145　ソポクレス『アンティゴネ』七八一行、後出。

の女性形をやすやすと見出すことができる（Agni aushasya に代わる Ushâ）――の息子でもある。これらの神話それぞれが、『ヴェーダ』において鍵を見出す。彼はそこでは「子供、ディアウスの息子で、Harits に軛《くびき》をかけ、息子でこそないにせよ〈原註46〉、少なくとも曙光の愛人である」。さらに、ギリシア神話でもエロスには多くの父母がおり、サッポー[146]により挙げられている両親の一組は天と地であって、これはヴェーダ神話での両親ディアウスとイダーと同等だ。インドはしかしギリシアではない。我々はギリシアの単語やギリシアの観念の萌芽や根底をインドの沃土へ辿ることができるとはいえ、アーリア語とアーリア詩文・神話が満開に花開いたのはヘラスの地〔ギリシア〕であって、そこではプラトンがエロスとは何かについて語り、またソポクレスは次のように歌った、

恋《エロス》ごころ、かつて戦に負けを知らない、
恋ごころよ、富も財宝《たから》も襲い荒らすもの、
また柔らかい乙女の頬に
夜をこめて見張りをつづけ、
海原の上をさまようては、

野の牧の住居《すまい》を訪ねる。
恋の思いを免れよう者、
不死なる神にも一人もあるまい、
はかない人間とて同じ、とりつかれれば狂い立つ〈原註47〉。

古代の託言《かげん》としての神話

ヘーゲルが、ギリシア語とサンスクリットの共通起源が発見されたことを新世界の発見と呼ぶとすれば、[147] 同じことはギリシア神話とサンスクリット神話の共通起源についても言えよう。発見はもはやなされたわけだから、比較神話学は間もなく、比較言語学と同様の重要科学まで上昇するだろう。私がここで説明したのはわずかな神話にすぎないが、それらは全て同一の小群に属しており、さらに多くの名を加えてもよかったのである。言語の地質学に関心を寄せる向きには、学識ある我が友、ベルリンの

146　断片一九八。
147　『歴史哲学講義』初版一八三七年、第三版一八四八年の序論に見える。

クーン博士により刊行されている『比較言語学雑誌』(*Journal of Comparative Philology* [*Zeitschrift für vergleichende Sprachforschung*]) を紹介しよう。同博士はその雑誌においてまさに正当にも、比較言語学を構成する一部分として比較神話学を認め、自身でも『ヴェーダ』の伝承とその他アーリア種族の神話的名称の間に見られる驚くべき類似を発見してきた。まさしくあの「ヒッポケンタウロスやキマイラ、ゴルゴンやペガソス、その他の怪物めいたやからども」[148] の誤解は正された。私はクーン博士の見解を多くの点で、ことに神々の原性格に関して、支持していない。彼は『ギリシア神話の体系』の著者で物故したラウアーと同様、雲や嵐や雷といった刹那的現象と結び付けるにもっぱらであるが、私の信じるところでは、神々の原初的概念はほぼ常に太陽なのである。とはいえ、その結論に同意できない場合でさえ、両人から学ぶものは多い。なされるべきことが多く残っていることに疑いはなく、『ヴェーダ』の助けをもってしても、ギリシア神話の全容は決して解読も翻訳もされないだろう。しかしこれは、異議を唱える理由になるだろうか？　ギリシア語には、サンスクリットの助けを得てさえも、満足のゆく語源を見出せない単語が多く存在する。だからといって、ギリシア語には組織だった語源学《エティモロジー》はないなどと言うべきだろうか？　ギリシア語のほんの小部分の形成について合理的原則を見出すならば、部分に現れているのと同じ原則が、全体の組織的発展を支配したと推論してかまわないのである。そして、全単語の語源を説明できずとも、言語には語源がないだとか、語源学は「けして現前しなかった過去を扱う」などと言うべきではない。後代のギリシア人たち、たとえばホメロスやヘシオドスが彼らの神話《ミュートイ》の理路《ロゴス》を知らなかったことを、私は完全に容認するが、彼らはまた、彼らの諸単語の本当の起源《ト・エテュモン》も知らなかったのだ。語源学に当てはまることは従って、神話学にも同様に当てはまる。

比較言語学により、言語には何ら不規則なものはないことが証明され、そして以前には語形変化や活用における不規則と見られたものが、今や最も規則的で原初的な文法形成として認められている。同じことが神話学でも達成されるよう望まれる。従来のように神話を「脆弱なる人性と貧困なる言語から（ab ingenii humani et a dictionis egestate）」[149]発したと考えるのではなく、「賢明なる人性と豊饒なる言語から（ab ingenii humani sapientia et a dictionis abundantia）」こそ真の解明が果たされるであろう。

148　前掲プラトン『パイドロス』から。

149　ハイネ『神話論』一八〇七年初出、K・O・ミュラーが『科学的神話研究序説』七九頁に引用。

神話とは単なる訛言《ダイアレクト》、言語の古い一形態にすぎない。神話は主として大自然に、さらに大抵は法や秩序や力や智慧といった性格を帯び、刻印されたその現象にかかわるとはいえ、森羅万象に適用可能であった。神話的表現から排除されるものは何もなく、道徳や哲学も、歴史や宗教も、かの古代の巫女《シビュラ》の呪言を逃れはしなかった。しかし神話は哲学でもなければ、歴史でも、宗教でも、倫理でもない。それは、もしスコラ学風の表現を用いてよければ、「どんな（quale）」であり「なに（quid）」ではない。[150] つまり形式であって実体ではないのであって、詩文・彫刻・絵画と同じく、古代世界が誉め讃えたほぼ全ての物に適用されたのである。

150　プラトン『メノン』71Bほか。

原註

（1）『オデュッセイア』第一四歌四四三行以下（松平千秋訳、岩波文庫、一九九四年、(下)五五―五六頁）。

（2）その大著 *Teutonic Mythology*［*Deutsche Mythologie*］（第二版、一八四四年）へのグリム（［Jakob］Grimm）の序文xxxi頁を参照のこと。

（3）O・ミュラー（［Karl Otfried］Müller）の名著 *Prolegomena zu einer wissenschaftlichen Mythologie*, 1825, p.87 参照。

（4）『パイドロス』242E（藤澤令夫『プラトン『パイドロス』註解』岩波書店、一九八四年、一五六頁）。

（5）『饗宴』178C「このようにして、多方面から一致して、エロスが生まれの最も古い神々に入るということが認められているのである」。195A（正しくはB）「まず第一に、パイドロスよ、その神は、神々のうちでいちばん若いのだ」（『饗宴／パイドン』朴一功訳、西洋古典叢書、京都大学学術出版会、二〇〇七年、二八頁および七六頁）。

（6）［Christian August］Lobeck, *Aglaophamus*［1829］p.523には「ゼウスは頭頂部であり、ゼウスは中央部であり、ゼウスから万物が作られた」と出ている。［Ludwig］Preller, *Greek Mythology*［*Griechische Mythologie*］1854, p.99を参照のこと。

（7）アポロドロス『ギリシア神話《ビブリオテーケー》』第一巻六章三節。Grote, *History of Greece*, p.4.

（8）この箇所はきわめて多くの異なる訳し方をされてきたので、次に原文を掲げる。

Ζεύς, ὅστις ποτ᾽ ἐστίν, εἰ τόδ᾽ αὐ

τῷ φίλον κεκλημένῳ,
τοῦτό νιν προσεννέπω.
οὐκ ἔχω προσεικάσαι,
πάντ' ἐπισταθμώμενος
πλὴν Διός, εἰ τὸ μάταν ἀπὸ φροντίδος ἄχθος
χρὴ βαλεῖν ἐτητύμως.

（9） *Prolegomena zu einer wissenschaftlichen Mythologie*, p.78.

（10） *Edinburgh Review*, Oct. 1851 の三三〇頁参照。

（11） 「牧場だの獲物などを襲っては合戦したり」。『トクサリス、または友情について』三六〔ルキアノス『本当の話』呉茂一ほか訳、ちくま文庫、一九八九年、一六五頁〕。Grimm, *Hist. of the German Language*〔*Geschichte der deutschen Sprache*〕p.17.

（12） 囲いはヴェーダ語 khardis「家」すなわち囲い地と思われ、同根からはアングロ・サクソン語 heord「蓄群」、古ノルド語 hirdr「よき保護者《ベネ・クストディクス》」が生じた。おそらくラテン語 cors、cortis (cohors, cohortis) も同源に由来し、囲われた土地、中庭《コート》、そして後には宮殿を意味するようになった。

（13） たとえば、サンスクリット sûnú、ゴート語 sunus、リトアニア語 sunus はすべて su「産む」に由来し、ギリシア語 υἱός もここから派生したが異なる接尾辞に拠る。サンスクリットの putra「息子」の起源は疑問だが、ケルト語派にも共有されているから（ブリトン語 paotr）、おそらくかなり古い語である。ラテン語 puer も同根からの派生と推測される。

(14)〔妻を〕娶った者は、〔娘を〕嫁がせた家の者から「婿」と呼ばれる（γαμβρὸς καλεῖται ὁ γήμας ὑπὸ τῶν οἰκείων τῆς γαμηθείσης.）〔出典は不明〕。

(15) On the Duties of a faithful [Hindu] Widow, *Asiatic Researches*, vol. iv. pp. 209, 219 [p.217]. Calcutta, 1795 [1798].

(16) グリム（[Jakob] Grimm）の試論 *The Burning of the Dead* [*Über das Verbrennen der Leichen*, Berlin, 1850]、ロート（[Rudolf von] Roth）の論文 *The Burial in India* [Die Todtenbestattung im indischen Alterthum, *Zeitschrift der Deutschen Morgenländischen Gesellschaft*, 8, 1854]、ウィルソン（[Horace Hayman] Wilson）教授の論文 *On the supposed Vaidik authority for the burning of Hindu Widows* [*and the funeral ceremonies of the Hindus*, London, 1863]、および *Journal of the German Oriental Society* [*Zeitschrift der Deutschen Morgenländischen Gesellschaft*] vol. ix. fasc. 4 [1855] 所載の文書的証拠全体の私自身による翻訳 [Die Todtenbestattung bei den Brahmanen] を参照せよ。ウィルソン教授が初めて、テキストの改竄および 'yonim agre' から 'yonim agneh' への変更を指摘した。

(17) 同様の流儀で、寡婦焼殺の慣習はバラモンたちより、インドの戯曲でシュードラカ王作という『土の小車』中の挿入句にも導入された〔第一〇幕・五七〕。これはウィルソン教授により翻訳され、最近パリで上演された。*Le Chariot d'Enfant*, Drame en vers en cinq actes et sept tableaux, traduction du Drame Indien du Roi Soudraka, par MM. Méry et Gérard de Nerval. Paris, 1850.〔「土の小車」岩本裕訳、『インド集』世界文学大系四、筑摩書房、一九五九年、二七二頁〕。

(18) シュライヒャー（Schleicher）による、その著 *Die Formenlehre der Kirchenslawischen Sprache*,

1852. p.107 におけるすぐれた叙述を参照せよ。

(19) クーン（〔Adalbert〕Kuhn）の *Journal of Comparative Philology*〔*Zeitschrift für vergleichende Sprachforschung*〕i.〔1851〕34 を見よ。クルティウス教授は πόντος : πάτος = τένθος : τάθος = βένθος : βάθος という等式を掲げている。

(20) アーリア共通語の大規模な集成は、グリム（〔Jakob〕Grimm）の *History of the German Language*〔*Geschichte der deutschen Sprache*〕に見られる。それらの語を歴史にいかす目的で用いた最初の試みは、アイヒホフ（〔Frédéric-Gustave〕Eichhoff）によりなされた。しかしその後、最も有益な貢献はウィンニング（〔William Balfour〕Winning）によりその *A Manual of Comparative Philology*, 1838 においてなされ、さらにクーン、クルティウス、フェルステマン（〔Ernst〕Förstemann）が行なった。多くの新資料は、ボップの *Glossary*〔*Glossarium sanscritum*, 1830〕およびポット（〔August Friedrich〕Pott）の *Etymologische Forschungen*〔1833〕に見ることができる。

(21) 〔Johann Adam〕Hartung, *Die Religion der Römer*〔1836〕ii .90.

(22) Kuhn, *Zeitschrift für vergleichende Sprachforschung*, iii .449.

(23) ピロテス〔愛欲〕が夜の子どもであることについて、ジュリエットは次の台詞において、その何たるかを悟っていた〔シェイクスピア『ロミオとジュリエット』第三幕二場〕——

厚い帷《とばり》を拡《ひろ》げておくれ、恋を取持つ夜の闇、
知らぬうちに目という目を覆っておしまい、ロミオが
人目に留らず噂にもならずこの腕の中へ飛込んで来られるように。

恋人たちが愛の段取りをおこなうのに、
自らの美しさがあればそれで足りるもの、それとも恋が盲《めしい》なら
なおさら夜は打ってつけ。

(24) ヘシオドス『神統記』〔一二六―〕一二八行――

さて大地《ガイア》は　まずはじめに彼女自身と同じ大きさの
星散乱《ちりば》える天《ウラノス》を生んだ
天が彼女《ガイア》をすっかり覆いつくし
幸《さきわ》う神々の　常久に揺ぎない御座となるようにと。

(25) [Johann Arnold] Kanne, *Mythology* [*Mythologie der Griechen*, 1805] §10, p.xxxii.

(26) O・ミュラーは、さまざまな詩人がエリニュスたちの親とした者たちが、各詩人によりこの女神たちに帰せられた性格を示す、と指摘した。彼はその『慈愛の女神たち《エウメニデス》』〔アイスキュロス作の悲劇〕に関する論文〔*Aeschylos Eumeniden. Griechisch und Deutsch*, mit erläuternden Abhandlungen, 1833〕一八四頁において、「明らかにこの系譜〔アイスキュロスが『慈愛の女神たち』でエリニュスたちを父なき夜の娘たちとしたこと〕は、エリニュスたちをスコトスとガイアの子（ソポクレス）、クロノスとエウリュノメの子（伝エピメニデス作）、ポルキュスの子（エウポリオン）、ガイア＝エウリュノメの子（イストロス）、アケロンと夜の子（エウデモス）、ハデスとペルセポネの子（オルペウス賛歌）、ハデスとステュクスの子（アテノドロスおよびムナセアス）などとするより、アイスキュロスの見解と詩的意図によく応えるものであった」と述べている。しかし、H・D・ミュラー（[Heinrich Dietrich] Müller）著 *Ares* [*Ein Beitrag zur*

Entwicklungsgeschichte der griechischen Religion, 1848〕六七頁を見よ。

(27) 筆者の *Letters to Chevalier Bunsen on the Classification of the Turanian Languages*〔1854〕p.35を参照。

(28) *Etymologicum Magnum*〔一一五〇年頃に編纂されたギリシア語辞典〕から引いたギリシア語源説の一例――「娘《テュガテール》は、子宮《ガステール》の荒れ狂い《テュエイン》と衝動に関係している。荒れ狂う《テュオー》と子宮《ガステール》から。なぜなら、女は抱かれるとすぐ母親になるからだという（Θυγάτηρ,παρὰ τὸ θύειν καὶ ὁρμᾶν γαστρός· ἐκ τοῦ θύω καὶ τοῦ γαστήρ· λέγεται γὰρ τὰ θήλεα τάχιον κινεῖσθαι ἐν τῇ μήτρᾳ.)」。

(29) アリストテレスは『形而上学』の一節〔Ⅲ・2・997・b10〕で、ギリシアの神々について意見を述べている。彼はプラトンの考えを攻撃して諸神の矛盾する性格を示そうとし、それらを「永遠なる非永遠《アイステータ・アイディア》」すなわち実存在を有しえぬ諸物と呼んだ。さらに、人間は神々がいると言いながらそれらに人の形を与え、こうしてそれらを実に「不死の人間」すなわち非存在としている、と付け加えている〔アリストテレス全集一二、出隆訳、岩波書店、一九六八年、六八頁〕。

(30) グリム（Grimm）の *Deutsche Mythologie*, p. 704.

(31) ラウアー（[Julius Franz] Lauer）はその *System der griechischen Mythologie*〔1853. p.253〕において、エンデュミオンを飛び込む者と説明している。ゲルハルト（[Friedrich Wilhelm Eduard] Gerhard）はその *Griechische Mythologie*〔1. Teil, 1854, p.524〕においてエンデュミオン（Ἐνδυμίων）を「日没にいる者（ὁ ἐν δύμῃ ὢν）」としている。

(32) 「日輪《ティタン》は烈しく照らし（Ἀφελῶς δ' ἔλαμψε Τίταν）」――『アナクレオンテア（*Anakreontea*）』四七〔正しくは四六〕。〔「アナクレオンテア」呉茂一抄訳、世界名詩集大成一、平凡社、一九六〇年、一二三頁〕。

(33) Grimm, *Deutsche Mythologie*, p.666.

(34) ダンテ〔『神曲』〕煉獄篇第一歌一二一行——

夜露が
日光と争う。

(35) 『リグ・ヴェーダ』IV・30を参照。

(36) Pāṇini, v. 2, 100.〔パーニニは前四世紀頃の、インドのサンスクリット文法家〕。

(37) ウルヴァシーに最も近いギリシア語の名は、エウロペ（ヨーロッパ）であるように思われる。なぜなら〔サンスクリットの〕硬口蓋音 *s* は、asva = ἵππος のように、しばしばギリシア語の π で表されるから。唯一の難点はギリシア語における長音 ω だが〔ギリシア語では本来、長音・短音を区別する〕、それを除けばエウロペは白い雄牛（vrishâ「男、雄牛、種牛」で、『ヴェーダ』ではしばしば太陽の呼称であって、sveta「白い」がこの神に付される）に連れ去られるが、それは背に乗せられてである（曙光はしばしば太陽の背面に描かれる。たとえばエウリュディケに関して）。そして再び遠くの洞穴（夕べの黄昏）に連れ去られる。そして彼女は日輪の神アポロンの母〔アポロンはゼウスとレトの子〕にしてミノス〔（サンスクリットの）マヌ、すなわち人間的ゼウス〕の母〔ミノスはゼウスとエウロペの子〕であるから、曙光の女神によく当てはまるだろう。

(38) それで『リグ・ヴェーダ』VI・3・6では「火が光とともに叫ぶ」（*sokishâ*）rarapîti と言われ、スパルタのカリテス二神はクレタとパエンナすなわちクララ、明るく響き、明るく輝く者と呼ばれている。日の出について『ヴェーダ』では、「子供が叫ぶ」と言われている。

(39) 「しかし髪麗しき曙の女神《エオス》が、三日目の朝をもたらした時」。『オデュッセイア』第五歌三九〇節〔松平千秋訳、岩波文庫、(上)一四六頁〕。

(40) ウィルソン教授は、この戯曲を初めて、最も美しく翻訳し、その『インド劇集』(*Hindu Theatre*)に載せた。初版はカルカッタ〔現在のコルカタ〕で出版され、以来何度か再版されている。非常に有益な版が、最近ウィリアムズ教授により出版された。

(41) これは非常によく知られた伝説のことを指している。太陽が近づくと花を広げ、夜間には花を閉じる蓮がある一方、月に愛された蓮は、夜間に開いて昼間は閉じるのである。ワーズワースの愛した花であるデイジー、すなわちアングロ・サクソン語の daeges eáge「昼の目」にも同様の神話がある。

(42) これは『マヌ法典』第一〇章一〇七節を説明し、それ〔ブリドゥという誤記〕が修正されるべきことを示している。

(43) 明くる朝、美しき曙が澄んだ大気を白や赤、または黄色に染めるころ。
——アリオスト〔『狂えるオルランド』〕第二三歌五二節。

こうして私がいた煉獄の島では、美しい曙の白くほの朱い頬が時とともに燃えたつような柑子色《こうじいろ》に変わっていった。

——ダンテ〔『神曲』〕煉獄篇、第二歌七—九行。

(44) Arusha は、Aruna(太陽の馭者)や Arus(太陽)に近接する場合、『ゼンド』では Aurusha(アンクティルはこれを Eorosh「鳥」とする)の形で見られ、これは Serosh を牽く馬たちである。―― [Eugène] Burnouf, *Le Bhâgavata Purâṇa* [tome troisième, Paris, 1847] p. LXXXV.

(45) ヤーコプ・グリムの『愛の神について』[*Über den Liebesgott*, Berlin, 1851] を見よ。

(46) マクシムス・テュリウス (Maximus Tyrius) XXIV [*Dissertationes*, 18, 255-256]、「ディオティマがソクラテスに言うに、愛はアフロディテの子ではなく、その召使にして従僕なりと」を参照。[Ludwig] Preller, *Griechische Mythologie* [Leipzig, 1854] p.238 を見よ。

(47) 『アンティゴネー』第七五〇〔正しくは七八一―七九〇〕行〔呉茂一訳、集英社ギャラリー世界の文学一、一九九〇年、九三頁〕。

「比較神話学」解題

山田仁史

一八五五年は、大西洋の両側においてユニークな神話関連書がいくつか出版された年である。まず米国では、ブルフィンチによるロングセラー『伝説の時代』（『ギリシア・ローマ神話』上下、大久保博訳、角川文庫、改訂版二〇一一年など）が出、古典古代の神話のほか東洋の神話や北欧神話もひろく採り上げ、その魅力的な筆致によって長く読み継がれることになった。

同年、ロングフェローは、ネイティヴ・アメリカンであるオジブワ族の伝承をもとに、フィンランド叙事詩『カレワラ』の影響も強く受けながら、『ハイアワサの歌』（三宅一郎訳、作品社、一九九三年）を刊行した。詩人はこれにより、アメリカ合衆国の国民的神話創出を目論んでいた。その意図自体は実現しなかったが、これもやはり、その後ひろく愛読され続けている。

英国ロンドンではこの年、『ポリネシア神話』（G. Grey, *Polynesian Mythology*, London:

Murray, 1855）が上梓されている。著者はニュージーランド総督であったジョージ・グレイ。彼はマオリの首長たちから直接マオリ語を習得し、まず原語によるマオリ神話集を前年に出した後、その英訳を発表したのであった。

マックス・ミュラーもこうした時代の空気を吸っていたに違いない。ドイツ語圏のロマン主義はそのピークを過ぎていたとはいえ、シューベルトの楽曲で不滅のものとなった「冬の旅」の作者を父にもつミュラーにとって、神話的世界への興味が高まりつつあった時勢は、大いに励みになったのではなかろうか。

他方では、十九世紀に入って急速に発展しつつあった比較言語学が、ミュラーの方法論の基礎をなしていた。ライプツィヒ大学時代にすでにギリシア語・ラテン語を修めてサンスクリットの勉強も開始し、パリでウジェーヌ・ビュルヌフのもと、『リグ・ヴェーダ』の研究を始め、一八四六年以降イギリスに移って、その編集・出版を進めていたミュラーは、印欧諸語の語源比較にかなりの造詣を抱くにいたっていた（R. C. C. Fynes, "Müller, Friedrich Max", *in: Oxford Dictionary of National Biography*, Vol. 39, Oxford, 2004, pp. 707 - 708）。

かくして、満を持して出された論文が「比較神話学」（一八五六年）である。これはミュラーの神話研究におけるマニフェストと見ることができ、その基本的立場は、終生変わることがなかった。

本論文でミュラーは、まず神話が人類史の解明に資する、という主張から語り始める。彼によれば、人類の原史は（一）言語形成時代、（二）諸語形成時代、（三）神話制作時代、に三分される。（一）はそもそも、人類を他の動物と区別するところの言語というものが作り出された最古期であり、（二）においていくつかの言語グループ（今「語族」と呼ばれるものにほぼ相当）に分かれていった。ミュラーはそれを、アーリア、セム、トゥーラーンの三グループに大別している。セム系はアラビア語やヘブライ語を生みだした諸語群で、トゥーラーンという名称は現在用いられていないが、ウラル・アルタイ系諸語の総称である。そしてアーリア諸語こそはインド・ヨーロッパ語族であり、ミュラーの探究の主たる対象はこれであった。

続けてミュラーは問う。我々がギリシア神話を読んで受ける嫌悪感は何に由来するのかと。見たところ不道徳な神々が活躍し、不合理な叙述に満ち満ちたこれらの物語は、どうして発生したのだろうかと尋ねる。そして、比較言語学における当時最新の成果にもとづきながら、印欧諸語の語源をしらべることで、今は分からなくなってしまった様々な語の原義を知ることもできれば、印欧語族の初期の生活状態を明らかにすることもできる、とさまざまな事例を展開する。

そして、印欧諸言語がたがいに分離する以前、共通の言語を話していた人々は、自然現象に性別を付して名詞としていた。それは、自然の諸力に畏敬を感じる近代人にも通じる心意である。ミュラーはこう述べて、その代表例としてワーズワースの詩を多数引用している。ところが、やがて当初の語源が忘れ去られると、単に自然現象をあらわしていた物語は、神々や英雄たちの神話へと再解釈されるようになった。

その例として、たとえばヘシオドス『神統記』にピロテス（愛欲）がニュクス（夜）の子と出ていることなどを挙げている。さらにまた、ミュラーによると「複数名称」および「同義名称」が古代言語の形成に一役買った。たとえば『ヴェーダ』では大地は「広大」「広汎」「偉大」など二一の同義語で呼ばれ、こうして大地は「複数名称」を持つ。またギリシア語ではセレネとメネが「月」を、ヘリオスとポイボスの両方が「太陽」を表すという「同義名称」から、これらは兄弟姉妹や親子などととらえられるようになった。

とりわけ具体例の多いのは太陽にかんする神話であって、エオスとティトノス、ケパロスとプロクリス、ヘラクレスの死、ダフネとアポロン、などのギリシア神話は、いずれも日の出や太陽の運行、そして日没についての神話であった。そして、そのインドにおける原型をミュラーは、『ヴェーダ』までさかのぼるウルヴァシーとプルーラヴァスの恋物語に求め、カーリダーサの戯曲の内容を長々と紹介する。

こうして達した結論こそは、「古代の訛言《ダイアレクト》としての神話」ということであった。つまり、神話とは言語の古い一形態にすぎず、自然現象をあらわす語だったものが、しだいに原義を忘れられ、物語へ姿を変えたものだと言うのである。これは彼の有名な「言語疾病説」の萌芽となる考えであった。

ところでミュラーのライフ・ヒストリーをひもといてみるならば、この論文が出た三年前の一八五三年、三十歳になったばかりの彼は、将来の妻となる八歳年下のジョージーナと運命的な出会いをしながらも、彼女の父親の反対に遭い、文通に甘んじていた時期であった。翌五四年にオックスフォード大学・現代ヨーロッパ諸言語の正教授に任じられ、学者としての名声は高まりつつあったとはいえ、内心では無念を抑えていた頃である(L. P. van den Bosch, *Friedrich Max Müller: A Life Devoted to the Humanities*, Leiden, 2002, pp. 60－76)。

その思いは、一八五七年に匿名で出版された『ドイッチェ・リーベ』(『愛は永遠に』相良守峯訳、角川文庫、一九五一年)においてジョージーナへの愛をフィクションに仮託するほどであった。二人は一八五九年にようやく結婚し、ジョージーナはミュラーの死後にその伝記を出版するなど、献身的に夫を支えることになるが、まだその時ではなかった。本「比較神話学」の後半、なかば陶酔した文体で愛について雄弁に語るミュラーには、こうした秘めた情熱を感じとることができよう。

さて本訳稿の底本にしたのは、『オックスフォード・エッセイズ』に収録された初版、

・Comparative Mythology, *in: Oxford Essays*: pp. 1 – 87, London, 1856

であり、これのヘッダを小見出しとして利用した。傍らその後に出た版、

・Comparative Mythology, *in: Essays on Mythology, Traditions, and Customs*, (Chips from a German Workshop; Vol. 2) : pp. 1 – 143, London. 1867

・Comparative Mythology, *in: Essays on Mythology and Folk-lore*, (Collected Works of the Right Hon. F. Max Müller; Vol. 8 = Chips from a German Workshop, New ed.; Vol. 4) : pp. 1 – 154, London, 1907

も参照した。これらにはミュラー自身による加筆訂正が多数含まれており、それにより明らかな綴りの誤りなどは訂正した。また改段落については、初版では過少、一九〇七年版ではやや多いがそれでも少ないので、今回の訳ではさらに増やし、適宜これを行なった。

単行本として出版された

・*Comparative Mythology: An Essay*, London. 1909

は、のちに"International Folklore"シリーズの一冊として一九七七年に再刊されており（New York: Arno Press）、編者のパーマー（A. Smythe Palmer）による注が有用であった。

さらにまた、翻訳にあたっては三種類のフランス語訳、すなわち

・*Essai de mythologie comparée*, Paris, 1859

・Mythologie comparée, *in*: *Essais sur la mythologie comparée, les traditions et les coutumes*: pp. 1－183, Paris, 1873

・Mythologie comparée, *in*: P. Brunel（éd.）, *Mythologie comparée*: pp. 7－92, 745－761, Paris, 2002

を参照した。この二〇〇二年版には詳細な注釈が付されている。また独訳の

・Vergleichende Mythologie, *in*: *Beiträge zur vergleichenden Mythologie und Ethologie* [sic], (Essays von Max Müller; 2. Bd.): S.1－127, Leipzig, 1869

および中国語訳、

・麦克斯・繆勒『比較神話学』金澤譯、上海、一九八九年

をも参照することで、多くの不明点を明らかにできた。

言うまでもなく、引用されている諸書の訳出にあたっては、多くの先学の訳業から恩恵をうけているが、とりわけワーズワースについて五十嵐美智、カーリダーサ『武勲《ヴィクラマ》（王）に契られし天女ウルヴァシー』について大地原豊、『リグ・ヴェーダ』他のサンスクリット文献について辻直四郎・後藤敏文の諸先生・諸氏からは学ぶこと大であった。

解説

松村一男

本書『比較神話学』は、二〇一四年に国書刊行会から出版されたフリードリヒ・マックス・ミュラー著『比較宗教学の誕生―宗教・神話・仏教』に収められた、一八五六年に執筆された同題の論文の翻訳である。訳者の山田仁史氏（一九七二―二〇二一）は東北大学文学部を卒業後、京都大学の大学院に進まれて人類学で修士号を取得された。その後、ドイツのミュンヘン大学において台湾の民族学で博士号を取得され、母校の東北大学で教鞭をとっておられた。本論文の訳了後も多方面で活発な学術活動をされていたが、惜しくも五十歳を前に逝去された。読まれれば分かるように明快な訳文と丁寧な訳註（しばしば原著の誤りを訂正している）、そして時代背景を含めた適切な訳者解題が訳者の力量を示している。

ミュラーは比較神話学のみならず、比較宗教学、そして仏教学においてもその発展に大きな役割を果たした。底本ではそれぞれの領域におけるミュラーの代表的な著作が翻訳されており、それぞれについて解題が付され、特に仏教学については下田正弘先生（東京大学名誉教授）が「近代人文学史からみた仏教学と宗教学―マックス・ミュラーの場合」を書かれている。

この解説では『比較神話学』が所収されていた底本『比較宗教学の誕生』での解説を増補し、最初に著者ミュラーの生涯と本書の概要を置いて、末尾には本書が現代において持つ意義と魅力についても触れる。なお、底本の解説では末尾に山田氏以外の翻訳者と協力者への謝辞の言葉があるが、本文庫には他の翻訳は収録されていないので、謝辞の部分は割愛させていただいた。

フリードリヒ・マックス・ミュラーの経歴

宗教学の開祖として有名な本書の著者フリードリヒ・マックス・ミュラー（一八二三―一九〇〇）は、一八二三年十二月六日に中部ドイツの小公国アンハルト＝デッサウの首都デッサウで生まれた(1)。父のヴィルヘルム（一七九四―一八二七）は詩人として知られ、ギリシア独立を応援する気持ちで一八二一―二四年に書かれたギリシアについての詩によって、「グリーヒェン（ギリシア人）・ミュラー」と称された。ドイツのバイロンともいうべきこの父ヴィルヘルムの詩はフランツ・シューベルトの歌曲にもなっている。しかし父は息子がわずか四歳の時、三十三歳の若さで亡くなってしまう。だが、この父の影響もあって、ミュラーは少年期から詩を好んだ。また同時に音楽にも関心があって専門家の道も志したが、知り合いであった作曲家フェリックス・メンデルスゾーン＝バルトルディ（一八〇九―四七）が別の方面を選ぶように勧めたという。

このため、ミュラーは次善の選択としてライプツィヒ大学に入学して、古典文献学、サンスクリット、哲学を学び、一八四三年に「スピノザの倫理学、第三巻レー・アフェクティブス」によって、二十歳で哲学博士号を取得する。文献学と哲学の両方に強い興味をいだいていたミュラーは、今度はベルリンに移り、サンスクリット学者・比較言語学者のフランツ・ボップ（一七九一―一八六七）と哲学者フリードリヒ・シェリング（一七七五―一八五四）のもとでも学ぶ。またフランクフルトではショーペンハウアー（一七八八―一八六〇）にも会っている。

こうした哲学者たちとの出会いの中で、インドの聖典に関する旧世代の認識が必ずしも正確とはいえないことを知るようになる。たとえば、ショーペンハウアーはミュラーに、ウパニシャッド以外のヴェーダは役に立たないと語ったという。ついで一八四五年、ウジェーヌ・ビュルヌフ（一八〇一―五二）のもとでさらにサンスクリットを学ぶため、ミュラーはパリに赴く。ビュルヌフが与えた影響は大きかったらしい。彼はこの頃『リグ・ヴェーダ』の講義をしており、ミュラーに対して、ウパニシャッド哲学を研究するよりヴェーダの校訂テクスト作成に取り組むよう勧めた。

このようにミュラーの経歴からは、少年時代からの詩、音楽などの芸術への関心、青年期からのインド＝ヨーロッパ語族比較言語学、哲学、サンスクリットなどの学習、の二点が特筆される。ビュルヌフの示唆を受け入れることで、ミュラーのその後の生き方がある程度定まった。まずはサンスクリット文献学者としてテクスト校訂に専心したのである。しかし、同時に翻訳の作業もするから、テクストの内容にも精通しなければならない。言うまでもなく、『リグ・ヴェーダ』は讃歌集であり、哲学よりは詩であり、神話と宗教のテクストである。こうして、まず文献学者、ついで神話・宗教学者、そして最後に哲学者というミュラーの中での研究の優先順位が定まったと想像される。

英国オックスフォードへ

一八二〇年以降、英国はドイツの人文科学研究の成果の摂取に努めるようになるが、そうした動きの中心となったのは、プロシアの駐英大使クリスティアン・C・J・フォン・ブンゼン男爵（一七九一―一八六〇）だった。このブンゼンが一八四八年、英国東インド会社の資金援助によって『リグ・ヴェーダ』のテクストと翻訳を完成させる人物として二十五歳のミュラーを選び、英国に連れてきたのである。テクストは『リグ・ヴェーダ・サンヒター』六巻本として、二十四年かけてオックスフォード大学出版から刊行されることになる（一八四九―七三）。

こうした経緯でミュラーはオックスフォードに居を落ち着けて、文献学者としての生活を始めた。一八五四年には、現代諸語のターラー講座教授の地位を与えられ、さらに四年後にはオール・ソールズ・カレッジのフェロー（特別研究員）になっている。しかし、一八六〇年にサンスクリットのボーデン講座教授の地位をめぐって、梵英辞典編纂者として著名なモニエル・ウィリアムズ（一八一九―九九）と争った時には敗れてしまう。モニエル・ウィリアムズは長くインドに住み、英国教会の敬虔な信徒でもあり、インドへのキリスト教布教にサンスクリットの教育が重要であると力説した。それが投票に際して有利に働いたのである。またミュラーがドイツ出身でルーテル派の比較的自由な信仰を持っていたことも不利に働いたという見方がある。(2)

ミュラーの神話研究のマニュフェストである本書「比較神話学」が『オックスフォード・エッセイズ』に掲載されたのは、それ以前の一八五六年である。しかし、彼の内部にあった、神話や宗教といったより一般的な問題について発言したい気持ちが、サンスクリット講座の事件でさらに加速されたことは間違いない。こうしたミュラーをオックスフォードに引き止めるため、一八六八年には比較文献学の講座が彼のために創設された。

一八七五年にもミュラーはヨーロッパ各国からの招待に応じて、オックスフォードを去ろうとする。しかしクライスト・チャーチ・カレッジの評議会と学寮長は講義義務の免除という異例の提案を行ない、ミュラーをオックスフォードから去らせなかった。こうしてミュラーは終生オックスフォードに住みつづけ、一九〇〇年に亡くなる。彼は半世紀以上を「オックスフォードのドイツ人」として過ごしたのである。ちなみに、この当時のクライスト・チャーチ・カレッジの学寮長はギリシア語辞典の編纂で名高い西洋古典学者ヘンリー・ジョージ・リデル（一八一一―九八）であったが、彼は『不思議の国のアリス』（一八六五）の主人公のモデルになった少女、アリス・リデル（一八五二―一九三四）の父親である。そしてこの永遠のベストセラーの著者であるルイス・キャロル、本名チャールズ・ドジソン（一八三二―九八）もクライスト・チャーチの数学講師であった。マックス・ミュラーとアリスとルイス・キャロルは同じ学寮で生活していたのである。

時代の寵児となる

さてミュラーは当時四回にわたって首相を務めたW・E・グラットストン（一八〇九―九八）とは親友であり、ヴィクトリア女王（一八一九―一九〇一）とも、その夫でドイツ出身のアルバート公（一八一九―六一）とも親交があった。ヴィクトリア女王はミュラーの説に興味をもち、一八六四年一月一日には彼を宮殿に招いて、「言語の科学」という題で王族を前に講演させている。もっともこれには政治的な配慮も働いていたらしい。

当時プロシア王国（つまりドイツ）は皇帝ヴィルヘルム一世と宰相ヴィスマルクのもと、デンマークに対して国境付近の地域であるシュレスウィヒ・ホルスタインの割譲を要求しており、そのためヨーロッパの緊張が高まり、英国がこの問題に介入すべきか議論があった。しかしヴィクトリア女王は夫アルバート公のこともあって、親プロシアであった。彼女がドイツ出身のミュラーを宮廷に招いて講義させることで、英国はこの問題に干渉すべきでないという考えを内外に示したという側面は否定できない。ともかく、このようにミュラーは当時の英国社会の著名人であり、彼の死に際して『タイムズ』紙が掲載した長文の追悼記事には、「マックス・ミュラーの講義は世間の関心を集めた。夕食のテーブルでのお決まりの話題だった」と記されている。

ミュラーには、上記の『リグ・ヴェーダ』のテクスト校訂のほか、『東方聖典叢書』*Sacred Books of the East*（以下ＳＢＥと略）五十巻の編纂（一八七九―九四）、そして神話、宗教、哲学に関する膨大な著作がある。ここでは代表的な著作に限って紹介しておく。

1844: *Hitopadesa. Eine alte indische Fabelsammlung aus dem Sanskrit zum ersten Mal in das Deutsche übersetzt*, Leipzig.〔『ヒトーパデーシャ』独訳〕

1849-73: *Rig-Veda Sanhita. The Sacred Hymns of the Brahmans, together with the Commentary of Sayanacharya*, Edited and translated with commentary, 6 vols., London.〔『リグヴェーダ・サンヒター』校訂・翻訳・注釈〕

1856: "Comparative Mythology", *in Oxford Essays*, London.〔本書「比較神話学」、『オックスフォード随想』。後に『ドイツ人工房からの削り屑』第二巻に所収〕

1861-64: *Lectures on the Science of Language*, 2 vols., London（Revised edition, The Science of Language, London, 1891）・〔『言語科学講義』、二巻〕

1867-75: *Chips from a German Workshop*, 4 vols. London.〔『ドイツ人工房からの削り屑』、四巻〕

1. *Essays on the Science of Religion*, 1867.〔『宗教学論集』〕
2. *Essays on Mythology, Traditions and Customs*, 1867.〔『神話、伝統、慣習論集』〕
3. *Essays on Literature, Biography and Antiquities*, 1870.〔『文学、伝記、古代論集』〕
4. *Essays chiefly on the Science of Language*, 1875.〔『言語科学論集』〕

1871: *On the Philosophy of Mythology*, London.〔『神話の哲学について』〕
1873: *Introduction to the Science of Religion*, London.〔『宗教学序説』〕
1878: *Lectures on the Origin and Growth of Religion*, London.〔『宗教の起源と発達に関する講義』〕
1881: *Selected Essays on Language, Mythology and Religion*, 2 vols., London.〔『言語、神話、宗教に関するエッセイ集選』、二巻〕
1889: *Natural Religion*, London.〔『自然宗教』〕
1891: *Physical Religion*, London.〔『物理宗教』〕
1892: *Anthropological Religion*, London.〔『人類学的宗教』〕
1893: *Theosophy or Psychological Religion*, London.〔『神智学あるいは心理学的宗教』〕
1897: *Contributions to the Science of Mythology*, London.〔『神話科学への貢献』〕

言語・神話・宗教についてのミュラーの考え方

ミュラーは宗教の「本質」を解明しようとしたが、そのためには一つの宗教のみに注目していては駄目で、複数の宗教を比較すべきだと主張した。たとえば『宗教学序説』(一八七三)において、彼はゲーテの「一つの言語しか知らない者は、言語を何も知らないのである」という言葉を紹介し、それに引き続いて、同じことは宗教についても当てはまるとして、「一つの宗教しか知らない者は、宗教について何も知らないのである」と述べている（第一講義。以下、『宗教学序説』からの引用は『比較宗教学の誕生』収載の久保田浩訳による）。つまり正確にいえば、ミュラーが創始したのは、「比較宗教学」であったといえるだろう。

以下でも述べるように、十八世紀にはギリシア語をはじめとする西洋の諸語とインドやイランの言語が共通の起源を有することが判明し、十九世紀には「インド＝ヨーロッパ語族」と称されるこの一大言語群を扱う「比較言語学」が大いに進展した。ミュラーはサンスクリット語の古形であるヴェーダ語とそれによって書かれた讃歌集『リグ・ヴェーダ』の研究を専門にしていたが、比較言語学についても関連分野として当然熟知していた。彼は言語学における比較の手法を「健全な科学原理」と見なして、宗教についても同じ比較の手法を用いることで「科学的に取り扱い得る」と考えた。そして比較言語学によってインド＝ヨーロッパ祖語が再建できるように、比較宗教学によって宗教の起源を明らかにできると説いた。

ただし宗教学には言語学にはない特殊な事情がある。宗教は信仰や価値観と分かちがたく結びついているからだ。ミュラーが生き、宗教学が創始された十九世紀の西洋においては、「宗教」といえばキリスト教であり、またキリスト教こそが宗教の最も完成した形態であるということは彼らにとって自明であったから、ミュラーのいう「一宗教」とはキリスト教に他ならない。事実彼は、「わたしたちが、見下されている世界の諸宗教の中に隠された真理の宝を知り、それを正しく評価すればするほど、真のキリスト教、つまりキリストの宗教のことをわたしは意味しているのだが、それは一層褒め称えられるべきものとなる、とわたしには思われる」（第一講義）と述べている。彼の出発点は、キリスト教を理解するためにそれ以外の宗教と比較するというものであり、自己（＝キリスト教）理解のための鏡あるいは他者として、別の宗教を研究するように提唱しているのである。そして『リグ・ヴェーダ』讃歌の専門家であった彼が、比較の対象としたのは当然ながら古代インド宗教であった。

彼の経歴は彼の理論に三つの大きな特徴を残している。その第一はドイツ・ロマン主義であり、第二はダーウィンに代表される進化論であり、そして第三には哲学的かつ言語学的な、つまりは文字記録中心の宗教観である。

彼の宗教学説は神話学説と一体になっている。その神話学説は「自然神話」とも「太陽神話」とも称されるが、その理由は、彼が自然の天体現象、わけても日の出、日の入りといった太陽の動きへの驚きこそが、太古の人々の心にもっとも印象的であり、それを不完全な言語を用いて表現したものが、次に触れるように後の時代に誤解によって神話と勘違いされたと主張したためである。ここにはロマン主義の自然賛美の影響が認められる。そしてミュラーは、そうした「自然神話」、「太陽神話」がもっとも鮮明な形で残っているのが、古代インドの聖典『リグ・ヴェーダ』讃歌であると説いたのである。

十九世紀英国では、ダーウィンの進化論はあらゆる学問に影響を及ぼしていた。ミュラーもこの適者生存の理論を受け入れている。しかし同時に、彼は「こうした〈自然の〉法則は、創造者が意図をもっていることを我々に示している」(『言語科学講義』)と述べて、神の存在も認めている。彼にとって進化論のパラダイムによって神話と宗教の起源を探る試みは、科学と信仰を両立させる試みでもあった。

ミュラーは人類の進化の過程に神話を位置づけたが、その図式とは、言語↓神話↓宗教↓科学という四段階で発展するものであった(『神話科学への貢献』一八九七)。こうした考え方では、神話は言語の誕生の結果として生まれたものとされる。この神話の時代をミュラーは「神話制作時代」mythopoetic age とも呼んでいる。彼によれば、原初の言語はまだ不完全だったので、自然現象は人格的・詩的にしか表現できなかった。その後、言語は進化して抽象的な表現も可能となったが、不完全な言語の時代に行なわれた自然現象を描写する人格的・詩的な表現は、その本来の意味が忘れられ、誤解された結果、神話という物語が生まれた、というのである。

『比較神話学』の概要

本書の冒頭はプラトンの対話篇『パイドロス』の引用から始まっている。この普通の本にはない出だしに読者は驚くかもしれない。ミュラーはここで古代ギリシア人は神話をどのくらい信じていたのだろうかと問いかけ、そしておそらくは信じてはいなかっただろうと推測し、ではなぜこうした神話が作られたのだろうかと再度問うている。そしてそれに答えるには、古代ギリシアよりさらに遡る「神話制作時代」について語らねばならないと続ける（「神話制作時代」）。

既述のように十九世紀には科学的、合理的思考によって事象の最初期の形を明らかにし、それによって事象の本質を明らかにしようという態度がどの学問分野でも見られた。最も典型的なのがダーウィンの進化論であり、「大理論」として自然科学と人文科学のすべての分野で規範となった。

また推理小説、探偵小説が誕生したのも十九世紀である。アメリカの小説家・詩人のエドガー・アラン・ポー（一八〇九―四九）が「モルグ街の殺人」（一八四一年）、「黄金虫」（一八四三年）、「盗まれた手紙」（一八四五年）などの探偵小説を発表し、その後のコナン・ドイル（一八五九―一九三〇）がシャーロック・ホームズのシリーズを産み出すきっかけとなったことはよく知られている。知的推論によって未知の事象の正体を明らかにする態度は、科学においても娯楽においても広く共有されていたのだ。

ミュラーも自身が学んだ比較言語学と古代インドの言語であるサンスクリットの知識を武器に、合理的推論によって人類の始原はいかなるものだったのかを明らかにしようとした。彼はギリシア神話にみられる息子クロノスが母ガイアに命じられ、父ウラノスの性器を鎌で去勢し、次いで自らの子を次々に呑み込むという場面を取り上げて、なぜこれほど「忌まわしい物語」が作られたのかを説明してみせようと宣言する。そしてその謎を解くカギは、人類が経験しなければならなかった三つの時代「言語形成時代」から「諸語形成時代」を経て「神話制作時代」への推移にあるとした（「神話制作時代」)。彼は探偵のように過去に遡り、「忌まわしい物語」を生み出した犯人捜しを始めるのだ。

そこでまずミュラーは、彼がよく知るインドからヨーロッパまで広がっているアーリア諸族(現在の言い方では「インド・ヨーロッパ語族」あるいは「印欧語族」)がかつては一つの集団であって、ある時期に東西に拡散したことをさまざまな語彙の一致から示そうとする。そして父、母、兄弟、姉妹、家畜(牛、馬、犬、羊、山羊、豚)、野生動物(熊、狼)、義理の親族、夫、人民、王、王女、家、扉、大工、路、衣類、金属、数詞といった多分野の単語が、インドのサンスクリット、イランのゼンド語(現在の言い方ではアヴェスタ語)、ギリシア語、ラテン語、ゲルマン語、リトアニア語、スラヴ語、ケルト語などで、どれほど類似した語形であるかを一覧表にして示す。そしてそれらの単語の一致から、アーリア諸族がかつては一つの言語と文化を共有しており、後に分化して東西に拡散していったことを読者に納得させる。

この手法は後にフランスの言語学者エミール・バンヴェニスト(一九〇二—七六)によって『インド=ヨーロッパ諸制度語彙集』I–II(前田耕作監修、言叢社、一九八六—八七年、原著一九六九年)として集大成されるものの先駆である。神話自体の分析に取り掛かる前にミュラーは、ヨーロッパ人にとって文化遺産と目されるギリシア・

ローマの言語と文化がインドやイランの言語や文化と同一起源であること、そしてより古い形は古代インドの聖典である『リグ・ヴェーダ』に残っており、そこから人類文化の最古の形を推測するとと宣言するのである（「アーリア文明の歴史」）。

このように具体的な事象については多くの単語から一致が確認できるのだが、原初の人類において大きな関心事であったとミュラーが考える自然現象、例えば「日が明ける」、「夜が近づく」、「大地は人を養う」といったことについては、原初の人類は十分な表現が難しかったであろうとする。またアーリア諸族の単語では性別を表す語尾が必要であった。これは現在でも多くのヨーロッパの言語（ドイツ語、フランス語、スペイン語など）に男性名詞、女性名詞の区別として残っている。こうしてミュラーは、原初の未完成な言語で思考する限り、自然現象を表現する際には、人格的存在が行動するという詩的な表現しかできなかったであろうと推測するのである（「抽象名詞」）。

しかしやがて言語も進化し、抽象表現が可能となる。その結果、古い人格的な表現は使われなくなるが、古い言い回しは本来の意味は忘れられて形骸化して残る。やがてその説明のために物語が作られ、神話となったというのである（「後の神話的語法」）。

分析例の多くは、人々がよく知っていたギリシア神話から採られている。原初の時代においては「日が暮れる」という表現は出来ず、「月（セレネ）が没する太陽（エンデュミオン）を見つめている」と人格的で詩的な表現をしていたとか、「日が沈み月が昇る」と言えないので、「セレネがエンデュミオンを抱いている」と言ったとか、「もう夜だ」ではなく、「セレネがエンデュミオンにおやすみのキスをしている」と言っていたであろうと説明するのである（「『ヴェーダ』の神話的言語」）。原初の時代、自然現象への驚き、崇拝の気持ちは大きかったが、そうした自然現象の表現は詩的言語によって行なわれ、やがて表現が誤解され、超自然存在を主人公とする神話という物語を生み出すに至ったというのだ（「古代の託言としての神話」）。

ミュラーは、若くして亡くなった詩人の父ヴィルヘルム・ミュラーについて母から教えられ、詩心を生涯持ち続けた。その彼が古代インドの神々への讃歌集である『リグ・ヴェーダ』を研究対象とした時、テクストの校訂の過程で当然その内容についても思うところがあったはずだ。

実際、読んでみれば分かるように『リグ・ヴェーダ』中の神々の描写は太陽、曙、暴風雨、火などの自然現象と重なる部分が極めて多い。ミュラーは『リグ・ヴェーダ』こそが人類の最古の言語によって編まれた最古の記録であり、そこに見られるのが人類が超自然存在をどのように感知したかの最古の記録だと信じていた。これは彼独自の判断ではなく、フリードリヒ・シュレーゲル（一七七二―一八二九）やフリードリヒ・シェリング（一七七五―一八五四）といった、ミュラーのインド観に大きな影響を与えた当時のドイツのロマン主義的な思想家や学者たちも共有していた見方だった。

もちろんそうした大胆な見取り図については、その可能性について冷静に考えて、客観的な確認を行なってから主張をすべきだっただろう。しかし、その是非は別として、ミュラーは人類の言語、神話、宗教の起源という壮大な見取り図を描き出す試みにやや無謀にも乗り出したのである。

このような視座からミュラーは、ギリシア人が不道徳だったのではなく、抽象的表現がなかった原初の未発達な言語表現が誤解された結果、彼の表現では「言語の疾病」によって、ギリシア神話に過度の暴力や性愛についての記述が残ったのであると説明し、ギリシア神話と古代ギリシア人の品位を貶めないように努めたのである。

背景となったインド＝ヨーロッパ語族比較言語学

比較神話学の成立に大きな影響を与えてそのモデルとなったのがインド＝ヨーロッパ語族比較言語学である。ウィリアム・ジョーンズ（一七四六―九四）らが指摘したインドからヨーロッパにいたる広大な領域の言語の同一起源の問題は、大いに関心を持たれていた。前世紀のクロイツァー（一七七一—一八五八）らロマン派哲学者の神話論以来、A・シュレーゲル（一七六七—一八四五）らによっても、ヴェーダや叙事詩といったインドの伝承は、厳密な年代考証なしに人類最古の英知の残存と目されていたから、インドの神話は人類における宗教の誕生の謎を解明する鍵として注目されたのである。

こうして、インド＝ヨーロッパ語族という一大言語集団の言語を復元するために、比較言語学という学問が成立し、フランツ・ボップ（一七九一—一八六七）によって一応の体系化が果たされた。そして単語の比較により祖語を再建する手法をさらに一段進めて、語彙の比較からインド＝ヨーロッパ語族の原文化を再建しようとする試みも現れてくる。その一環がインド神話、ギリシア神話、ゲルマン神話などインド＝ヨーロッパ語族の神話を比較して、人類最古の宗教の姿を明らかにしようとする、ミュラーに代表される比較宗教学・比較神話学であった。このように、宗教と神話の研究は原初の姿の再建を目的として、その手法は単語の比較による再建という比較言語学的なものとならざるを得なかった。(3)

ヤーコプ・グリムの研究

この面においてミュラーの先駆者といえるのが、ヤーコプ・グリム（一七八五―一八六三）である。彼は言語学、神話、伝説、法律、民話などを渾然一体に、現代風に言えば学際的に研究した。言語学の分野での功績としては『ドイツ文法』*Deutsche Grammatik*（一八一九―三七年）と、彼の名前を冠して「グリムの法則」と称せられるゲルマン語における規則的な音韻推移 Lautverschiebung の発見があり、神話の分野では四巻からなる『ドイツ神話』*Deutsche Mythologie*（一八三五年）があるし、伝説については二巻の『ドイツ伝説』*Deutsche Sagen*（一八一六―一八年）が、法律については『ドイツ古代法』*Deutsche Rechts-Alterthümer*（一八二八年）がある。そして民話の分野では、弟のヴィルヘルム（一七八六―一八五九）とともに、いわゆる『グリム童話集』*Kinder-und Hausmärchen*（一八一二―一五年）を刊行している。

彼がこうして多方面に関心を示したのは、そのいずれもが同一のゲルマン精神の異なる現われ方であるという信念を有していたためであろう。それらはゲルマン人の太古を明らかにする一種の「古代学」の対象だった。そしてグリムは固有名詞の語源解釈によって、神話の神々、伝説の英雄、昔話の悪霊いずれもの起源、つまり本質を明らかにできると考えたのである。

背景となった自然神話学

ミュラーにおいて比較神話学と比較宗教学が同一のものと見なされていたことは、現在の目からは奇異に映るかもしれない。しかし、ミュラーにおいてもグリムの場合と同様に、言語、宗教、神話、哲学は同一の問題として捉えられていた。彼は自らの仕事をこれら四つの「科学」として区分し、これらが人間の発展、進化の段階であり、次第に歴史的に展開し、進化していくと考えていた。

言語ほど古いものはない。人間の歴史とは、石器やピラミッドのような石の神殿ではなく、言語をもって始まるのである。第二の段階は、自然現象を思考に置き換える最初の試みである神話によって代表される。第三の段階は宗教である。これは道徳の力、そして究極的にはすべての自然の背後とその上に存在する「道徳力の一者」を認識することである。最後の第四の段階は哲学、つまり経験による資料に対して正しく働きかける理性の批判的な力である。（『神話科学への貢献』）

言語によって神話そして宗教の起源を解明することは、当時最新の学問であったインド＝ヨーロッパ語族比較言語学と文献学の専門家であったグリム、ミュラーいずれにとっても当然の選択であった。こうした前提からは、比較する単語として最初に選ばれるのは神々の名前となる。その中で最も初期に指摘され、現在にいたるまで確実と認められているのが、ギリシアのゼウス、ローマのユピテル、インドのディアウス、北ゲルマンのチュールの名前の対応である。これらの神々の名前は天空を意味し、またゼウスとユピテルがそれぞれのパンテオンの最高神であることから、ディアウスとチュールもかつては最高神であったと見なされた。

このことから、ミュラーは神々そしてその神々を主人公とする神話が、本来は天空の動きの反映であったと考えた。実際、『リグ・ヴェーダ』をはじめとするインド神話には、暴風雨を思わすインドラやマルト神群、太陽神スーリヤと曙女神ウシャスなど、天空の自然現象の神格化が多く見られる。インドの言語であるサンクリットがインド＝ヨーロッパ語族の原言語にもっとも近いとか、あるいは原言語そのものとさえ考えられ、インド神話もインド＝ヨーロッパ語族の原神話をもっとも忠実に残していると見なされていた時代であるから（現在は否定されている見方である）、インドのヴェーダ神話の印象から神話の起源に天体活動を措定するようになるのも、当然であった。

ミュラーの言語疾病説

先ほども述べたように、ミュラーの神話論がもてはやされたのは、十九世紀ヴィクトリア朝英国である。当時の英国は、ラテン文明を直接に継承するイタリア、フランスなどと異なるあり方として、ドイツとともにギリシア文明の後継者を任じていた。しかるにヘシオドスやアポロドーロスが伝えるギリシア神話は、クロノスによるウラノスの性器切断やゼウスを筆頭とするオリュンポスの神々の近親相姦や人間の乙女たちが男神によって強姦される物語に満ちており、こうした神話のあり方を無理なく説明して正当化してくれる言葉を英国紳士、淑女は待ち望んでいたのである[4]。それが神話を「言語の疾病」として説明してくれるミュラーの神話論だったと考えられる。

ミュラーは神話が「言語の疾病」によって生じた、本来はノミナ（名前）だったものがヌミナ（神聖存在）になったと考えた。つまり、神話の非道徳性は見かけだけであり、神話を残した人々――つまり英国人がその後継者を任ずるギリシア人を含むインド＝ヨーロッパ語族――が非道徳的な人々であったわけではないという理屈である。

これらの点について、本書からミュラーの言葉を三つほど引用しよう。

さまざまな民族の分離に先だったこの最初期こそ、私が「神話制作」時代と呼ぶものである。というのも、これらアーリア諸語に共通の語はどれも、ある意味で神話だからだ。これらの語はすべて、元来は普通名詞であった。それらはある事物に特徴的と見られた多くの属性のうち一つを表現したものであり、これら属性を選んで言語に表したということは、現代語がすっかり失ってしまった一種無意識の詩文を示している。(「抽象名詞」)

抽象名詞は、我々にはあまりにも親しいものだから、それらを形成するのに人が経験した困難をなかなか認められない。抽象名詞のない言語など想像もできない。けれど今日話されている言語の中にも抽象名詞をもたないものがあるし、言語の歴史を遡れば遡るだけ、これら有益な表現の数は少なくなるのがわかる。〔中略〕さて古代言語において、これらの単語はいずれも性別を表す語尾を必要としたので、これが自然と、対応する性別の観念を人の心に生みだすこととなり、個別性だけでなく性別をも引き受けることになった。〔中略〕このことの結果は何だったのか？　人々が言語で思考するかぎり、朝や夕について、春や冬について話すのでも、これらの観念に何かしら個別的、動作的、性別的、そして最後に人格的性格を与えることなくしては不可能であった。（「抽象名詞」）

我々が曙光の後につづく太陽と言うところを、古代の詩人らは曙光を愛し抱く太陽とのみ語り、思考しえた。我々における日没は、彼らには老いて衰え死する太陽であった。我々の日の出は、彼らには夜が輝ける子を産むことであった。そして春には、彼らは実に、太陽か天空が大地をあたたかく抱き、自然の膝下に宝玉の雨を降らすのを見たのである。（「後の神話的語法」）

神話の不可思議な物語を天体現象のアレゴリーとして解釈してみせ、英国人が祖先と感じていた人々の高貴さ、偉大さを擁護するミュラーの神話論が人気を博したのも故無きことではない。

自然神話学の凋落

しかし、こうした神話論に対しては批判も寄せられた。エジプトやメソポタミアにおける考古学的発見によって、インド人やインド＝ヨーロッパ語族が最古の人類集団でないことが明らかになった。また、恣意的な自然現象としての解釈の繰り返しに人々も次第に関心を失っていった。

たとえば、ミュラーは、「トロイアの略奪とは、太陽の力によって毎日繰り返される東から西への最も明るい財宝の略奪に過ぎない」と述べて、『イリアス』の描くトロイア戦争さえも太陽のアレゴリーとして説明した（『言語科学講義』）。ミュラーは伝説を神話の堕落した形態とみなしていたので、こうした解釈も必然的に生まれてきたのだろう。しかしハインリッヒ・シュリーマン（一八二二―一九〇）や英国のギリシア学者アーサー・エヴァンズ（一八五一―一九四一）が『イリアス』に基づいてトロイアやミュケーネで発掘の成果をあげ、トロイア戦争が実際にあったと考えられるに至って、こうしたミュラーの自然神話学説は説得力を失う。そして当然のように、流行としてのインド＝ヨーロッパ語族研究、そして比較神話学はミュラーという一枚看板の死去によって急速に衰退し、顧みられなくなる。

後に残ったのはパイオニアとしての学説史における彼の名前と功績の記述のみとなった。(5)

民俗学の誕生

進化論と比較言語学を基本パラダイムとする自然神話学が隆盛を誇っていた十九世

紀後半、すでに新しいパラダイムの萌芽がおこっていた。それは民俗学（フォークロア）である。この語自体は、一八四六年にウィリアム・トムズ（一八〇三―一八五）が民間の古くからの慣習の研究の名称としてすでに用いている。

もっとも、比較神話学も民俗学も、まだ人文科学のすべてが混沌として未分化だったグリム兄弟の研究の中から分化して生じてきたものともいえるから、部分的には兄弟関係にある。民俗学も進化論、起源論の立場を継承している。また神話・伝説・昔話が本質的に同一であるという見方も共通する。ただ、民俗学は比較言語学との結びつきをもたず、語源解釈によって本質が解明できるという考えはない。またインド＝ヨーロッパ語族を特権視して、その研究から人類全体の進化が明らかにできるとも考えない。そして神話が堕落した姿が伝説、昔話であるとも考えないのである。

民俗学の考え方の基本はすでにグリムやミュラーの時代にも存在した。しかし自分たちのパラダイムの中でしか研究を行なえなかったミュラーたち比較神話学者には、この異なるパラダイムは見えなかったのである。

マンハルトによる批判

ドイツの神話・宗教研究者ヴィルヘルム・マンハルト（一八三一―一八〇）は自然神

話学と民俗学の二つの立場の中間に位置する人物といえるだろう。彼は当初はミュラーの立場に共感をもっていたが、後に批判的となった。

彼はミュラーの提示したインドとギリシアを中心としたインド＝ヨーロッパ語族の神々の名前の対応のうち、ディアウス＝ゼウス＝ティウス、パルジャニヤ＝ペルクナス、バガ＝ボグ、ヴァルナ＝ウラノスは正しいと認めたが、サーラメーヤ＝ヘルメイアス、サラニュー＝デメテル・エリニュス、ケンタウロス＝ガンダルヴァなどその他多くは、着想こそ豊かだが間違いとした。そしてインド文化に独自かも知れない例を過大評価して、人類に普遍的な意味づけをしてしまうことを懸念する。歴史の感覚が基本的に欠如しているし、それ自体が意味が曖昧なヴェーダの讃歌をギリシア神話の曖昧な箇所の説明のために用いることは、歴史の進化の過程を無視するものだし、文脈を無視していると、マンハルトの評価は手厳しい（『古代における森と耕地の儀礼』*Antike Walt- und Feldkulte*、二巻本、一八七五―七七）。

こうしたマンハルトの変容の理由はいくつか考えられるが、なによりも民謡、昔話、風習などの蒐集《しゅうしゅう》と分類が引き金になったと思われる。それはロマン主義の影響も、ブルジョワ化での好事家の誕生とも無関係ではないだろうが、ともかく、そうした蒐集と分類の結果として、広範囲に共通して見られる民衆文化の存在が認識された。マンハルトはグリム兄弟にも見られるそうした傾向を一層推し進めて、ドイツの農民の収穫儀礼を調べ、同時代の風習から逆に古代の神話を読み解こうとした。それはフレイザーの人類学へとつながる道であった。

タイラーによる儀礼の重視

エドワード・B・タイラー（一八三二―一九一七）は『原始文化』*Primitive Culture*（一八七一年、一八七三年、邦訳 二〇一九年）において、有名な「残存の原理」を唱えた。すでに滅び去った過去の人類の慣習が、現代の農民のもとで本来の意味が忘れられ、形骸化した状態で残っているというのである。つまり生活様式がさほど変化していなければ、過去の生活が残存しているという考え方である。農民のもとでの子供の遊戯、諺《ことわざ》、謎々、しきたり、民謡、昔話などがそうした例とされた。

奇妙な理解しがたい慣習こそが、かつての人類の太古の在り方を明らかにするという立場は、本来の宗教的な意味が忘れられたという見方において、ある種の「言語疾病説」となっている。しかしそうした共通点より相違点の方がはるかに多い。

祭司が独占的に伝えてきた神話よりも農民の伝える昔話に価値が置かれるし、言葉による伝承よりも祭りや儀式などの儀礼行為がより重視される。神話はもはや特権的テクストではなく、従属的な位置に追いやられ、代わって儀礼が優位を占めるのである。儀礼（行為）の神話（言葉）に対する優位は神話儀礼学派の先駆であり、奇妙な風習からの過去の再建とは、まさしくフレイザーが『金枝篇』で明らかにしようとしたものである。(6)

ラングによる昔話の評価

タイラーは直接にはミュラーらを批判していない。自然神話学説を真っ向から批判したのはアンドリュー・ラング Andrew Lang（一八四四―一九一二）である。ミュラーにとって、昔話は神話の零落したもので、神話こそが人類の過去を解明する特権的テクストであった。しかしラングは、事実はその逆だと主張する。（"Mythology and Fairy Tales," *Fortnightly Review* 19, 1873）

このエッセイの目的は、ミュラー氏の見解の正反対こそが正しいと証明することにある。すなわち、メルヘンはより高級な神話の断片どころか、最も初期の形態なのである。また、カンニバリズム、魔法、シャーマニズム、動物との婚姻、動物への変身などへの言及はメルヘンの方が伝説よりも多いのだから、より高級な叙事詩と内容が一致するなら、その多くの場合に神話よりもメルヘンの方がより古くて原始に近い形態を保持しているのである。メルヘンはインド＝ヨーロッパ語族に固有ではなく、フィン族、サモイェード族、ズールー族などにも見られる。つまりそれはアーリア人とかセム人といった区別が生じる以前の時代に存在していたと考えられるべきだろう。以下に示すように、これらの物語の超自然的な要素は、諸要素や自然の偉大な推移についての神話が堕落した形態としてよりも、動物崇拝や魔術の残存としてより説得的に説明できる。そしてもしそれが正しければ、曙と太陽の神話はもはや第一義的とは見なしがたくなる。そしてインド＝ヨーロッパ語族の宗教的想像力は、フェティシズムの段階を通過したに違いないことになる。(7)

ラングはミュラーと自然神話学派のもつ矛盾を巧みについているが、今度は逆に昔話を特権的テクストにしてしまっている。

儀礼論の欠如

ミュラーは自らのロマン主義的な自然賛美の傾向を神話の起源に投影したので、神話や宗教における儀礼の意義は評価しなかった。また自らの学問的訓練から、言語こそが神話や宗教の中核であると見ていたので、この面からも儀礼を評価しなかった。ミュラーの神話、宗教観とは言語を中心とするもので、儀礼は無視されている。こうした言語中心・儀礼無視の考え方には、彼が学生時代に行為よりも思弁を中心とする形而上学的な哲学と比較「言語」学を専攻したことも作用しているかもしれない。

しかし古代インドの宗教を言語の立場だけから理解することは明らかにバランスを欠く。『リグ・ヴェーダ』讃歌自体が儀礼を前提として成立しているからだ。もっともよい例がアグニ神とソーマ神である。アグニは祭場の祭火の神格化であり、アグニ讃歌は『リグ・ヴェーダ』全体のほぼ五分の一という大きな部分を占めている。祭火の神聖化はゾロアスター教にも見られるから、『リグ・ヴェーダ』が成立する以前のインド・イラン語派共住期まで遡る。

アグニ神はイランでも同じ語源をもつアータルの名前で崇拝されていたし、インドでもアータルに由来するアタルヴァンという語があり、半神的祭官族を意味している。またソーマ神はヴェーダ祭式の最も重要な供物であるソーマ液の神格化であり、この神には『リグ・ヴェーダ』第九巻全体が捧げられている。ソーマ神もまた、イランにおいて同じ語源をもつハオマの名で、神としても祭式の供物としても知られていた。

アグニ神もソーマ神も祭式に起源をもつ神々であり、『リグ・ヴェーダ』成立以前から重要視されていたのだ。

さらに『リグ・ヴェーダ』讃歌には、儀礼を規定し、説明するブラーフナマ文献が付随している。それに何より、神話を口承し、詠誦し、そしておそらくは作成もしたのはバラモンの祭官であり、彼らは儀式のエキスパートなのである。こうした儀礼の重要さをミュラーが知らなかったはずはない。しかし彼は神話を評価するあまり、儀礼を呪術に近いものと見なしてあまり重要と考えなかった。ミュラーがこうした「偏見」を持たなければ、彼の古代インドの神話、宗教理解はより儀礼に力点を置いたものとなったはずである。

フランスのインド学者アベル・ベルゲーニュ(一八三八—八八)はミュラーの同時代人であり、『リグ・ヴェーダ讃歌にみるヴェーダ宗教』(三巻、一八七八—八三)が代表作である。彼はミュラーのように神話や宗教の起源、人類進化の諸段階などについての壮大な理論を樹立しようとはしなかった。そのためかえって『リグ・ヴェーダ』讃歌の基盤には祭式があることを素直に発見できたのであろう。

たとえば彼は次のように述べている。「天上の供犠〔いけにえを捧げる儀式〕は地上での供犠の模倣であろう。そうした神話的観念は、人間による儀礼の起源と(中略)

供犠の全能性についての思索の産物であるように思われる」、「供犠は天界の現象に直接影響を与える。特に祭火は、天の二つの火〔太陽と雷〕ひいてはこれら二火が主要な役割を演じる諸現象に影響を及ぼす」、「実際、供犠の全能性の観念は（中略）天上における供犠の神話をもっともよく説明するものの一つである」、「供犠は諸物の起源の基盤であると見なされている」、「供犠はもっとも基本的な原理であり、人間の起源はもとより（中略）神々の起源さえもそれに帰されている」。

こうした儀礼中心の古代インド宗教観は、ベルゲーニュの弟子のシルヴァン・レヴィ（一八六三—一九三五）にも継承された。レヴィの代表作が『ブラーフマナ文献における供犠の原理』（一八九八年）であるのは偶然ではない。レヴィは同書において、「供犠は神であり、神そのものである」と述べている。

ミュラーは古代インドを鏡として、言語→神話→宗教という進化の過程を想定したが、そこには言語至上の理想主義があまりに色濃かった。ミュラー以降も宗教の本質を明らかにする上で宗教の起源を重視する態度は相変わらず根強かったが、言語中心の神話・宗教観に代わって、より実証的で儀礼を重視する古代インド宗教研究がベルゲーニュやレヴィによって行なわれることになる。このようにインドを鏡としたミュラーの神話・宗教起源説がより実証的な儀礼重視の古代インド宗教研究によって否定されたのと並行して、新しい宗教起源の学説が注目されるようになる。それは当然ながら、儀礼こそ宗教の起源を解くカギとする立場をとるものであった(8)。

儀礼重視の宗教起源説は複数の専門領域でほぼ同時に出現した。一つは旧約聖書とアラブ人宗教を素材としたウィリアム・ロバートソン・スミス（一八四六―九四）の『セム人の宗教』（一八九〇年）であり、もう一つはヨーロッパの民間信仰を素材とした上述のヴィルヘルム・マンハルトの『森と耕地の儀礼』である。そして両者の影響を受けたジェームズ・フレイザー（一八五四―一九四一）も、比較の材料を世界中に拡大して、「比較宗教研究」という副題をもつ『金枝篇』（初版、二巻、一八九〇年）を上梓している。宗教の本質や起源を明らかにするための比較の対象、つまり鏡としての他宗教は、こうして古代インド宗教以外にも拡大していったのである。

宗教学の変遷と鏡としてのインド

しかし、宗教の起源を探るためにインドを鏡とすることがミュラー以降行なわれなくなったわけではない。たしかにロバートソン・スミス、マンハルト、フレイザーらによってインド以外の地域からの比較資料は増加したが、古代インド宗教は相変わらず、宗教の起源を考える上で重要な資料でありつづけた。その例はマルセル・モース

（一八七二―一九五〇）とアンリ・ユベール（一八七二―一九二七）の共著で、フランス社会学派の最良の成果の一つとされる『供犠の本質と機能についての試論』（一八九九年）に見られる。モースはレヴィの弟子であり、モースとユベールが供犠を問題にした背景には、レヴィのブラーフマナ文献における供犠の研究が当然あったはずだ。彼らの議論のベースは古代インドと旧約聖書だが、古代インド宗教についてはベルゲーニュとレヴィの儀礼中心の見方が目につく。

結局、十九世紀末にいたるまで、宗教の起源の問題が宗教学の関心の焦点であったことに変わりはない。しかしその内部では、神話よりも儀礼へと力点の大きな変化が認められる。神あるいは超自然の観念よりも、そうしたものとの交流を願う人間の儀礼の方にこそ、宗教の起源や本質を理解する糸口があると考えられるようになっていったのである。そしてそうした変化は古代インド宗教の見方の変化と無関係ではなく、むしろそれに刺激された結果として推進されたともいえるのである。

二十世紀以降の宗教学は、もはや起源の問題を重要視しなくなっている。「宗教」の本質を解明するため、比較の手法を用いるという態度は、キリスト教を最高の宗教形態と見なす進化論的な宗教観を暗黙の前提としている。だが、そうした進化論的な前提自体が今では否定されている。宗教心理学（フロイト、ユング）、宗教社会学（デュルケム）、宗教人類学（マリノフスキー）など、二十世紀になって開花した新しい視点からの宗教研究は、宗教の本質理解には多様なアプローチがありうることを示している。キリスト教にいたる宗教進化の過程を考察するために他宗教を鏡として用いようとする研究態度は、もはや顧みられることはない。

しかし、進化論図式がなくなっても、他者としての鏡が不必要になったわけではない。進化の前後関係をたどる上での他宗教との比較は不要になっても、宗教それぞれの独自性を示すための並行関係における他宗教との比較はあいかわらず必要だからだ。そして比較の鏡として、インド宗教はおそらくもっともしばしば選ばれつづけている。たとえば、ルドルフ・オットー（一八六九―一九三七）は、マイスター・エックハルトのキリスト教神秘主義をインドのシャンカラの神秘主義思想との比較において考察している（『西と東の神秘主義』一九二六年）。

またキリスト教に代わる選択肢として、ヨーガ、タントリズム、ハーレー・クリシュナ、サイ・ババなどのインド宗教・思想への注目も二十世紀から見られている。この他、ユングは自己のシンボルとしてマンダラを重視し、ミルチア・エリアーデはヨーガの大著を著し、ジョゼフ・キャンベルは父権的な西洋と母権的な東洋を対比させ、インド宗教を東洋の代表としている。宗教の理想はキリスト教だけではなく、それを補完するものとしてインド宗教は今も鏡として存在しつづけている。

後代の神話学への影響

後代の神話学者のうち、ミュラーともっとも共通点をもつのは、同じインド＝ヨーロッパ語族神話を対象としたフランスの言語・神話・宗教の研究者ジョルジュ・デュメジル Georges Dumézil（一八九八―一九八六）である。ミュラーからデュメジルまで、インド＝ヨーロッパ語族比較神話学において一貫して継承されている見方があるとすれば、それは神話を孤立した要素とせず、宗教儀礼、法律、社会制度など他の要素と共通の見方、つまり「世界観」の表現として捉える態度であろう。

十九世紀にそれをもっとも典型的に示しているのは、先に名を挙げたグリム兄弟、とくに兄のヤーコプである。ただ言語については、その重要度をどの程度に計測するかで、十九世紀と二十世紀では違いがある。十九世紀はミュラーの場合に典型的なように、言語の比重を極端に高く見積もる傾向があり、その結果として神話や宗教の独自性への理解を欠いた、「言語の疾病」説を生み出してしまっている。

ミュラーの時代以降、二十世紀になって神話研究の潮流は大きく変わった。デュメジルは初期の一九二〇年代の段階においてすでにミュラー流の自然神話解釈は拒絶している。その代わりに、フレイザーの影響を受けて、植物の死と再生や、それと関連する死と不死をめぐる信仰などを神話の主要モチーフと考えていた。ただし、語源の対応から神話や宗教の本質を解明しようとする旧来の比較神話学の手法は相変わらず踏襲している。けれども、こうした語源重視の研究は破綻する。彼の提唱する神名の語源の一致が、より進歩した二十世紀の比較言語学から否定されたのである。デュメジル自身、この段階で研究が「袋小路に入り込んでしまった」ことを認めている。

ここで彼の研究に一大方向転換が起こる。まず、その契機となったのは、具体的には人類学者マルセル・モースや中国学者マルセル・グラネ（一八八四―一九四〇）らからの影響であった。宗教や神話も社会の保持、強化の役割を担っているというデュルケム以来のフランス社会学派の立場を考慮することで、デュメジルは社会階級の区分や特徴づけが神々、神官、儀礼行為などにも共通して認められることを認識し、インド＝ヨーロッパ語族の場合にはそれが階層構造をなす三要素に分かれているとして、これを「インド＝ヨーロッパ語族三機能イデオロギー（または体系）」と呼んだ。そしてこの仮説をもとにインド＝ヨーロッパ語族諸民族の神話、宗教の基本構造、地域的ヴァリアント、歴史的変容などの具体的な問題を数多く解明してみせたのである。

デュメジルはミュラーと対照的に、限定された領域の問題に具体的解釈を与えようとするより実証的な比較神話学を推進した。彼は神話と宗教の関係とか起源とかいった大問題への答えを出そうとはしない。また「三機能説」にしても、その発生の要因や歴史的な発展段階といった大胆な仮説は示さないし、三機能説を一般化、普遍化、哲学化しようともしない。社会構造と神話、宗教との関連も当初は主張していたが、後には主張しなくなった。この結果、批判を受けないような理論が完成したが、それが逆に大きな発展、展開を生まれにくくしている面もある。

こうしてみると、比較神話学の孤立はある程度は必然とも思える。マックス・ミュラーの時代に、比較神話学は十九世紀の歴史言語学を母として生まれた。しかし、母はその姿を変えてしまった。歴史言語学は純粋な言語の研究に向かい、言語を用いて生み出された文化について語ることを科学に相応しくないとして拒絶した。比較神話学は、母から見捨てられたのである。十九世紀の比較神話学は内容自体が脆弱な基盤の上に繰り返されたため、学界はもちろん社会からも飽きられ、忘れられた。

デュメジルはそうした旧来の比較神話学の弱点を除去し、より社会的な側面を強調して、比較神話学の面目を一新した。しかし彼の貢献は「三機能イデオロギー」という形をとり、インド＝ヨーロッパ語族という比較言語学に由来する範疇のもつ特殊性を越えなかった。このため、理論的な整合性や妥当性を別として、ミュラーと同じように普遍的理論への志向をもっていたフレイザー、レヴィ＝ストロース、エリアーデ、キャンベルらその後の神話研究者と異なり、デュメジル神話学の一般読者へのインパクトは限定的なものに留まっている(9)。

宗教学、仏教学

十九世紀はヴィクトリア女王を戴く大英帝国が世界の覇権を握っていた。イギリスは十八世紀中頃からインド支配を推し進めていたが、一八五七年の大反乱を武力で鎮圧し、一八五八年にはそれまでの東インド会社を介しての間接統治から国王の代理の副王が総督として統治する直接支配に転換した。そしてさらに一八七七年には国王すなわちヴィクトリア女王自身がインド皇帝を兼任することになった。この時代の英国にとってのインドとは、名目はともかく、そこから生み出される富を搾取する場であり、インドの民は反乱せず英国の指示に従うことが期待された。ムガル帝国時代にインドに広まったイスラム教もインド土着のヒンドゥー教も、英国統治に対する反乱の芽とならない限りは問題ではなかった。

ミュラーはそうしたインドの宗教事情をどのように考えていたのだろう。ミュラーはルター派のキリスト教家庭に生まれ、最後までその信仰を捨てることはなかった。

彼にとって評価される宗教とは、知的で体系的な教典を有し、また教えを広めることに熱心なものであり、その基準に適うのはキリスト教、仏教、イスラム教であった。ミュラーはインドの伝統文化を人類の英知の始まりに位置づけ、高く評価していた。だがしかし同時に、当時のインドの宗教事情については飽き足らない気持ちを抱いていたらしい。インドではヒンドゥー教とイスラム教が併存していたが、ヒンドゥー教こそインド文化の基礎にあるとした。しかしヒンドゥー教はもっと近代化されるべきであり、そのためには他の聖典宗教から宗教にとっての本質的部分を学ぶべきであると主張したのである。ミュラーの宗教についての議論の背景には、こうした当時のインドとヒンドゥー教に対する思いも背景としてあったように思われる。

ミュラーはインド＝ヨーロッパ語族の諸言語を比較し、系統的に分類して、さらに最古の原言語から現在までの進化の過程を系統樹として描いてみせた。これによってインド＝ヨーロッパ語族とセム語族という二つの大語族が認められた。さらにミュラーはこの二つの語族は宗教においても卓越した貢献をなし、セム語族は旧約聖書を、インド＝ヨーロッパ語族は『リグ・ヴェーダ』を生み出したと指摘した。そしてこれらの中核をなす宗教文書からはさらに次世代の宗教と文書、すなわち旧約聖書からは新約聖書と『コーラン』が、そして『リグ・ヴェーダ』からはゾロアスター教の『アヴェスター』と仏教経典が生じたと説いたのである。

中国をはじめとするアジアについての情報もミュラーには伝わっていた。そのためミュラーはセム語族の三つの大きな宗教とインド＝ヨーロッパ語族の三つの大きな宗教の他に、アジアの大宗教として孔子による儒教と老子による道教も考察の対象に含めた。こうしてミュラーは一八七〇年にロンドンの王立協会で行なわれ、後に『宗教学序説』（一八七三）としてまとめられた連続講義において、「聖典」を生み出した八つの「聖典宗教」（インドのバラモン教と仏教、イランのゾロアスター教、ユダヤ教とキリスト教、イスラム教、中国の儒教と道教）を紹介して比較し、宗教のまだなかった神話時代から多神教の時代、そして一神教への進化の過程は宗教において普遍的に認められるとし、最終的に八つの世界宗教の構図に到ったと説明したのである（『宗教学序説』序文）。

比較言語学者としての彼は、あらゆる学問分野において比較が重要であると認識していたから、科学的な宗教研究の先駆者ともなった。もちろん、その背後には世界の諸宗教の中でキリスト教の正当な立場、つまりキリスト教が最も優れた教えである、を証明するという信仰者としてのミュラーの意図もあったかも知れない。しかし結果としてこの講義が、比較宗教学つまり現在の宗教学の基礎を据えたことに変わりはない。

キリスト教の信仰を基礎に創立されたオックスフォード大学において、一見するとキリスト教を他の諸宗教と同列に扱うかに見えるミュラーの講義は、当然ながら反発と批判を呼んだ。しかしミュラーは宗教における比較重視の態度を崩さず、「聖典宗教」の紹介をさらに進めようとして、「東方聖典叢書」全五十巻を企画し、各巻の訳者を選定し、自身も訳者に加わった。この叢書は一八七九年から一九一〇年にかけて刊行され、それによって世界各地の聖典が英語で読めるようになり、諸宗教についての知識が広まるのに大いに貢献した（現在はネットでも閲覧可能）。

仏教研究はミュラー以前から盛んであった。しかしその中心はパーリ語による原典研究で、サンスクリットやチベット語による研究、さらには中国や日本に残る漢訳仏典などの研究はほとんど手つかずであった。ミュラーはそうした不均衡を解消するため、「東方聖典叢書」においてサンスクリットで書かれた仏教の北伝教典の翻訳も入れ、自らも訳者となっている。当初ミュラーはそこに旧約聖書と新約聖書を加えたかったらしい。しかしキリスト教神学者はキリスト教とその母体となったユダヤ教が他の宗教と同一地平に置かれていると感じ、この聖典集への収録には強く反発したため、収録されないままとなった[10]。

またミュラーは日本から南条文雄（一八四九—一九二七）、笠原研寿という二人の留学生を受け入れている。笠原は病を得て早逝したが、南条はミュラーのもとで近代的な仏教学研究を学び、帰国後は日本におけるサンスクリット仏典研究や漢訳仏典との比較など、日本における近代仏教学の礎を築いた。ミュラーの没後、南条そして彼の後にミュラーのもとに留学した高楠順次郎（一八六六—一九四五）の二人の尽力によって、ミュラーの蔵書は一括して日本にもたらされ、東京大学図書館に収められた。しかし不幸にも、関東大震災のためすべて焼失してしまった(11)。

現代の地点からの評価

ミュラーは最初、インド文献学者、そしてその延長線上でインド＝ヨーロッパ語比較言語学者として活躍した。さらに比較言語学の手法を神話に応用し、比較神話学の創始者となった。また言語と神話の起源についての理論は、進化論的に問題を論じるのだから、当然宗教の起源についても言及することになる。同じ比較の手法が宗教の起源についても用いられ、ミュラーは現代の宗教学の出発点となる比較宗教学の祖となった。

ではミュラーが創始者あるいは創始の一員となったインド＝ヨーロッパ語族比較言語学、比較神話学、宗教学という三つの分野において彼は現在、どのように位置づけられているだろうか。言語学史にその名前はあるが、彼の行なった語源の比定はその多くが否定されている。すでに十九世紀の彼の存命中からアメリカの言語学者ホイットニーは激しい批判を行なっており、言語学の専門家はいずれもホイットニーが正しいと認めていた[12]。神話学においても、すべての神話の起源を言語疾病説と「太陽神話」から説明するミュラーの自然神話学は、上記のようにマンハルト、タイラー、ラングらから批判されていた。そして言語学の場合と同様に学説史では紹介されても現在では人気はない。宗教学でもその傾向は同じである[13]。

こうしたことはもちろん、ミュラーが十九世紀の人間であり、それまでなかった分野においてパイオニアであったための当然の結果ともいえる。どの研究分野でも十九世紀のその誕生時の理論が現在まで生き続けていることはあり得ない。ミュラーは進化論を前提とし、内容よりも名称を偏重し、表面的な類似でも同一起源と判断してしまう。彼の理論を今日そのまま利用することは難しい[14]。

しかしミュラーの神話解釈がヴィクトリア朝英国で大いに注目を集めた。普通の人たちにとっては、ダフネとアポロン、オルフェウスとエウリュディケといった、彼らが知っているいくつかのギリシア神話のエピソードが自然現象の描写から生まれたとか、同類の話が古代インドにおいても存在した（ウルヴァシーとプルーラヴァス）と教えられることは、新鮮な知的喜びであったろう。

十九世紀の英国そしてヨーロッパは、政治的には依然として従来の帝国主義・植民地主義の発展期であり、社会主義や共産主義などの新たな世界像はまだ理論に留まっていた。しかしミュラーは人文科学、社会科学において言語の起源、宗教の起源、そして神話の起源という人類の始原のすべてを比較言語学という新しい方法論を駆使して解明しようという大胆な試みを行なったのである。こうした諸分野における勇敢な、そして多少は向こう見ずな試みを行なった未知の分野の開拓者であったという栄誉あるいは評価は、ミュラーの名前とともにこれからも残り続けるだろう。

近年、遺伝子解析が進み、現生人類の世界各地への拡散の時期と経路が明らかになっている。それに神話モチーフの分布を重ね合わせると、どのようなタイプの神話がいつ頃生まれて、どのように世界各地に見られるかが明らかになるという（後藤明『世界神話学入門』講談社現代新書、二〇一九年）。そしてその結果、『リグ・ヴェーダ』によく登場する太陽神スーリヤや曙女神ウシャスについての神話も、人類が天体現象について思索した産物として、他の地域の同様の神話と併せて再評価する動きが見られている。

ミュラーの説いた神話の起源や自然神話学説そのものではないけれども、太陽や曙、そして月といった天体の動きをモデルとして世界を理解するという神話が、人類の思索の例の一つとして、現代、再び脚光を浴びているのである。たとえば、日本の神話には太陽女神アマテラスが弟のスサノヲによる暴力行為の数々（性的なものも含まれる）のために洞窟に閉じ籠ってしまい、世界が暗黒となるが、アメノウズメの性的な踊りとそれが巻き起こす笑いによって、アマテラスが洞窟から再び現れ、世界に太陽の光が戻るという神話がある。暗黒の世界に太陽神を招き出す曙女神に相当するのがアメノウズメであることは容易に想像できる。さらに類似した太陽の解放の神話はアメリカ大陸の各所にも見られるという。

毎日の、そして一年の周期の太陽の動きは、古くから人類の関心であり、世界各地に残る類似の神話は、かつてそうした太陽についての神話が広く共有されていたことを窺わせるものだ。こうした二十一世紀の世界神話学の研究成果についてもしミュラーが知ったならば、きっと喜んだに違いあるまい。

＊＊

ＫＡＤＯＫＡＷＡ編集部の井上直哉さんは本書の文庫化を熱心に推進され、細かな点まで適切な御配慮と御助言を下さった。その御尽力に対し、心より御礼申し上げます。また、山田仁史さんの御仕事が文庫化によってより多くの読者のもとに届くことを願っています。

註

（1）『岩波世界人名大辞典』二〇一三、二八二二頁、Stone 2005、キッペンベルグ二〇〇五、Van den Bosch 2002、増澤一九九九、『岩波＝ケンブリッジ世界人名辞典』一九九七、一〇八五頁、『岩波西洋人名辞典増補版』一九八一、一四九〇頁、Dorson 1958、Kitagawa and Strong 1985、Klimkeit 1987、櫻井一九七六、Turner 1981、Voigt 1981などを参考とした。
（2）Macdonell 1901: 18; van den Bosch 2002: 82 & n.336
（3）Lincoln 1999: 76 – 100、松村二〇一九、第三章、Mallory 1989: 9 – 23、風間一九七八：一三一－三一。
（4）Turner 1981.
（5）Dorson 1958、Dorson 1972.
（6）タイラーとの対比については、Schrempp 1983参照。
（7）ラングの批判については、Lang 1879、Duff-Cooper 1986.
（8）インド学・仏教学での評価については、林二〇一一、久保田二〇〇〇、Tull 1991参照。
（9）デュメジルとミュラーの類似と相違、そして現代までの神話学の諸理論については、松村二〇一九参照。

（10）Girardot 2002.
（11）南条一九七九。
（12）Dowling 1982、櫻井一九七六（題名と異なり、ミュラーの生涯の紹介が中心）。現代のインド＝ヨーロッパ比較言語学および言語学の学説史においてミュラーの名前はほとんど挙げられない。たとえば高津一九九二、風間一九七八には言及がない。その理由についてはイェスペルセン一九八一第一部第八節「マックス・ミュラーとホイットニー」を参照。信仰の理想を追うあまり、ミュラーが誤った語源を唱えた例として、Ducœur 2009.
（13）キッペンベルグ二〇〇五、土屋二〇〇二、増澤一九九九。
（14）ミュラーの意義は多面に及んでおり、いくつかの問題は本書解説の枠組み内では言及できなかった。参考のためにそれぞれについての関連文献を以下に記しておく。教典論については土屋二〇〇二、ルナンとの比較については、オランデール一九九五第五章「多義的な語の危険性へ」、神智主義とのつながりについては、杉本二〇一〇、スピリチュアリズムとのつながりについては津城二〇〇五。

参考文献

O・イェスペルセン、三宅鴻訳『言語』、岩波文庫、一九八一年
モーリス・オランデール、浜崎設夫訳『エデンの園の言語―アーリア人とセム人―摂理のカップル』法政大学出版局、一九九五年
風間喜代三『言語学の誕生―比較言語学小史―』岩波新書、一九七八年

ハンス・G・キッペンベルグ、月本昭男・渡辺学・久保田浩訳『宗教史の発見―宗教学と近代』岩波書店、二〇〇五年、第三章「諸言語が語るヨーロッパ初期宗教史」五五―七九頁
久保田力「宗教〝研究〟史の闇―《インド学・仏教学》と《宗教学・人類学》との発生論的アナロジー」、坂口ふみ他編『宗教への問い5　宗教の闇』岩波書店、二〇〇〇年、一六二―一九七頁
高津春繁『比較言語学入門』岩波文庫、一九九二年
櫻井美智子「Max Müller管見―言語研究史からみて―」『東京女子大学紀要論集』二七、一九七六年、四一―五七頁
杉本良男「比較による真理の追求―マックス・ミュラーとマダム・ブラヴァツキー―」『国立民族学博物館調査報告』九〇、二〇一〇年、一七三―二二六頁
エドワード・バーネット・タイラー（奥山倫明他訳）『原始文化』上下、国書刊行会、二〇一九年
津城寛文『〈霊〉の探究―近代スピリチュアリズムと宗教学』春秋社、二〇〇五年、第一章「比較宗教学と近代スピリチュアリズム―ミュラーとモーゼスのニアミス―」二七―六六頁
土屋博『教典になった宗教』北海道大学図書刊行会、二〇〇二年、第一章「F・マックス・ミュラーの教典論」一五―三二頁
南条文雄『懐旧録―サンスクリット事始め』平凡社（東洋文庫三五九）、一九七九年
林淳「仏教学・仏教史学・宗学」『春秋』五二八、二〇一一年、一七―二〇頁
マックス・ミュラー、比屋根安定訳『宗教学概論』誠信書房、一九六〇年
マックス・ミュラー、津城寛文訳『人生の夕べに』春秋社、二〇〇三年
マクスミユーレル、南条文雄訳、『比較宗教学』博文館、一九〇七年（復刻：ゆまに書房、二〇〇三）

増澤知子、中村圭志訳『夢の時を求めて―宗教の起源の探究』玉川大学出版部、一九九九年、第三章「偶然の神話学―作業場の内外のマックス・ミュラー」八二―一〇六頁
松村一男『神話学入門』講談社学術文庫、二〇一九年

Dorson, Richard M.1958: "The Eclipse of Solar Mythology", in Thomas A. Sebeok ed., *Myth: Symposium,* Indiana University Press, pp. 25 – 63.

Dorson, Richard M. 1972: *Peasant Customs and Savage Myths: Selections from the British Folklorists,* The University of Chicago Press.

Dowling, Linda 1982: "Victorian Oxford and the Science of Language", *PMLA* 97, pp. 160 – 178.

Ducœur, Guilllaume 2009: "Comparatisme orienté et étymologie comparée chez Max Müller: l' équation Bráhman = Verbum", *Revue de l'histoire des religions* 226, pp. 163 – 180.

Duff-Cooper 1986: "Andrew Lang", *Folklore* 97, pp. 186 – 205.

Girardot, N. J. 2002: Max Müller's "Sacred Books" and the Nineteenth-Century Production of the Comparative Science of Religions", *History of Religions* 41, pp. 213 – 250.

Feldman, Burton and Robert D. Richardson Jr. comp. 1972: *The Rise of Modern Mythology,* 1680-1860, Indiana University Press.

Kitagawa, Joseph M. and John S. Strong 1985, "Friedrich Max Müller and the Comparative Study of Religion", in Ninian Smart and al. ed., *Nineteenth Century Religious Thought in the West,* Volume III, Cambridge University Press, pp. 179 – 213.

Klimkeit, Hans J., "Müller, F. Max", in M.Eliade ed., *The Encyclopedia of Religion,* Macmillan, 1987, vol.10, pp. 153 – 154

Lang, Andrew 1879: "Mr. Max Müller and Fetishism", *Mind* 4, pp. 453 – 469.

Lincoln, Bruce 1999: *Theorizing Myth,* University of Chicago Press.

Long, O. W. 1929: "William Dwight Whitney", *The New England Quarterly* 2, pp. 105 – 119.

Macdonell, A. A. 1901: "Friedrich Max Müller", *Man* 1, pp. 18 – 23.

Mallory, J. P. 1989: *In Search of the Indo-Europeans,* Thames and Hudson.

Neufeldt, Ronald W. 1983: "Western Perceptions of Asia: The Romantic Vision of Max Müller", Peter Slater & Donald Wiebe ed., *Traditions in Contact and Change,* Wilfrid Laurier University Press, pp. 593 – 605.

Schrempp, Gregory 1983: "The Re-education of Friedrich Max Müller: Intellectual Appropriation and Epistemological Antinomy in Mid-Victorian Evolutionary Thought", *Man* 18, pp. 90 – 110.

Stone, Jon R. 2005: "Müller, F. Max", in Jones, Lindsay ed. in chief, *Encyclopedia of Religion* （2 nd ed.）, Thompson Gale, vol. 9, pp. 6234 – 6237.

Tull, Herman W. 1991: "F. Max Müller and A. B. Keith: "Twaddle", the "Stupid" Myth and the Disease of Indology", *Numen* 38, pp. 27 – 58.

Turner, Frank M. 1981:*The Greek Heritage in Victorian Britain,* Yale University Press.

Van den Bosch, Lourens P. 2002: *Friedrich Max Müller: A Life Devoted to the Humanities,* Brill.

Voigt, Johannes H. 1981: *Max Müller: The Man and his Ideas,* Firma KLM.

比較《ひかく》神《しん》話《わ》学《がく》

フリードリヒ・マックス・ミュラー

山田《やまだ》仁史《ひとし》＝訳　松村《まつむら》一《かず》男《お》＝解説

令和７年　２月25日　初版発行

発行者●山下直久

発行●株式会社KADOKAWA
〒102-8177　東京都千代田区富士見2-13-3
電話　0570-002-301（ナビダイヤル）

角川文庫 24555

印刷所●株式会社暁印刷
製本所●本間製本株式会社

表紙画●和田三造

●お問い合わせ
https://www.kadokawa.co.jp/（「お問い合わせ」へお進みください）
※内容によっては、お答えできない場合があります。
※サポートは日本国内のみとさせていただきます。
※Japanese text only

ISBN 978-4-04-400857-4　C0114

◇◇◇

角川文庫発刊に際して

角川源義

　第二次世界大戦の敗北は、軍事力の敗北であった以上に、私たちの若い文化力の敗退であった。私たちの文化が戦争に対して如何に無力であり、単なるあだ花に過ぎなかったかを、私たちは身を以て体験し痛感した。西洋近代文化の摂取にとって、明治以後八十年の歳月は決して短かすぎたとは言えない。にもかかわらず、近代文化の伝統を確立し、自由な批判と柔軟な良識に富む文化層として自らを形成することに私たちは失敗して来た。そしてこれは、各層への文化の普及滲透を任務とする出版人の責任でもあった。

　一九四五年以来、私たちは再び振出しに戻り、第一歩から踏み出すことを余儀なくされた。これは大きな不幸ではあるが、反面、これまでの混沌・未熟・歪曲の中にあった我が国の文化に秩序と確たる基礎を齎らすためには絶好の機会でもある。角川書店は、このような祖国の文化的危機にあたり、微力をも顧みず再建の礎石たるべき抱負と決意とをもって出発したが、ここに創立以来の念願を果すべく角川文庫を発刊する。これまで刊行されたあらゆる全集叢書文庫類の長所と短所とを検討し、古今東西の不朽の典籍を、良心的編集のもとに、廉価に、そして書架にふさわしい美本として、多くのひとびとに提供しようとする。しかし私たちは徒らに百科全書的な知識のジレッタントを作ることを目的とせず、あくまで祖国の文化に秩序と再建への道を示し、この文庫を角川書店の栄ある事業として、今後永久に継続発展せしめ、学芸と教養との殿堂として大成せんことを期したい。多くの読書子の愛情ある忠言と支持とによって、この希望と抱負とを完遂せしめられんことを願う。

一九四九年五月三日

角川ソフィア文庫ベストセラー

角川ソフィア文庫ベストセラー

古代への情熱
H・シュリーマン
池内　紀＝訳

ドイツに生まれたシュリーマンは、大学を諦め、雑貨店などを転々としたのち、商人として成功する。その資金を元手に、トロヤ発掘へ邁進し、ついに大発見へと至った。考古のロマンへ、世界中を駆り立てた名著。

西洋音楽史講義
岡田暁生

グレゴリオ聖歌から、オペラの誕生、バロック、ウィーン古典派、ロマン派、ポピュラー音楽まで。「古楽」「クラシック」「現代音楽」という三つの画期に着目し、千年にわたる変遷を通史として描く全一五講。

クラシック音楽の歴史
中川右介

人物や事件、概念、専門用語をトピックごとに解説。時間の流れ順に掲載しているため、通して読めば流れも分かる。グレゴリオ聖歌から二十世紀の映画音楽まで。「クラシック音楽」の学び直しに最適な1冊。

至高の十大指揮者
中川右介

「三大指揮者」と称されたトスカニーニ、ワルター、フルトヴェングラーから現代の巨匠ラトルまで。無数の指揮者から10人を選び、どうキャリアを積み上げ、何を成し遂げたかという人生の物語を提示する。

不朽の十大交響曲
中川右介

「クラシックジャーナル」誌の編集長を務めた中川右介による不朽の一〇曲。ベストセラー『クラシック音楽の歴史』、『至高の十大指揮者』に続く、クラシック音楽、交響曲の学び直しに最適な一冊。

角川ソフィア文庫ベストセラー

角川ソフィア文庫ベストセラー

図解　諸子百家の思想
浅野裕一

すぐれた思想家たちが思索を重ね、学派をつくり、論争を繰り広げた春秋・戦国時代。儒家、墨家、道家、兵家、法家から、名家、陰陽家まで。戦乱と侵略の時代が生んだ思想を明快に読み解く。図解八三点。

先住民から見た世界史
コロンブスの「新大陸発見」
山本紀夫

ジャガイモ、唐辛子、トウモロコシなど中南米の作物は、世界の食糧事情を大きく変えた。一方、西欧から持ち込まれた天然痘は、アメリカ大陸の人口激減を招く。先住民の視点から、世界史の変革期を捉え直す。

火薬の世界史
クライヴ・ポンティング
伊藤　綺＝訳

中国の錬丹術師が発見した火薬の製法は、数百年にわたり極秘とされた。しかし、アラブ、ヨーロッパへ広まると、巨大な帝国を滅ぼし、遠い大陸を植民地にする国が現れる。世界を変えた発明品の意外な歴史。

大モンゴルの世界
陸と海の巨大帝国
杉山正明

13世紀の中央ユーラシアに突如として現れたモンゴル。世界史上の大きな分水嶺でありながら、その覇権と東西への多大な影響は歴史に埋もれ続けていた。大帝国の実像を追い、新たな世界史像を提示する。

孔子
加地伸行

中国哲学史の泰斗が、孔子が悩み、考え、たどり着いた思想を、現代社会にも普遍的な問題としてとらえなおす。聖人君主としてだけではなく、徹底したリアリズムで、等身大の孔子像を描き出す待望の新版！

角川ソフィア文庫ベストセラー

イスラーム世界史　後藤　明

肥沃な三日月地帯に産声をあげる前史から、宗教としての成立、民衆への浸透、多様化と拡大、近代化、そして民族と国家の20世紀へ——。イスラーム史の第一人者が日本人に語りかける、100の世界史物語。

感染症の世界史　石　弘之

コレラ、エボラ出血熱、インフルエンザ……征服しては新たな姿となって生まれ変わる微生物と、人類は長い「軍拡競争」の歴史を繰り返してきた。40億年の地球環境史の視点から、感染症の正体にせまる。

鉄条網の世界史　石　弘之　石紀美子

鉄条網は19世紀のアメリカで、家畜を守るために発明された。一方で、いつしか人々を分断するために用いられていく。この負の発明はいかに人々の運命を変えたのか。全容を追った唯一無二の近現代史。

中国古代史　司馬遷「史記」の世界　渡辺精一

始皇帝、項羽、劉邦——。『史記』には彼らの善悪功罪の両面が描かれている。だからこそ、いつの時代も読む者に深い感慨を与えてやまない。人物描写にもとづき、中国古代の世界を100の物語で解き明かす。

諸子百家　渡辺精一

孔子、老子、荘子、孟子、荀子、韓非子、孫子……乱世に現れ、熱弁を振るった多数の思想家。彼らに共通するのは、誠実であること、そして根底にある人間愛だった。人柄を読み解き、思想の本質を解き明かす。

角川ソフィア文庫ベストセラー

ローマ法王
竹下節子

世界で12億人以上のカトリック教徒の頂点に立つローマ法王は政治・外交・平和の重要人物である。その歴史と現在を探る。西洋文化の根底にあるカトリック文化を知り、国際社会をより深く理解できる快著。

キリスト教でたどるアメリカ史
森本あんり

合衆国の理念を形作ってきたキリスト教。アメリカ大陸の「発見」から現代の反知性主義に至るまで、宗教国家・アメリカの歩みを通覧する1冊。神学研究のトップランナーが記す、新しいアメリカ史。

贋札の世界史
植村峻

10世紀に中国で紙幣が誕生するとすぐ贋札が出現した。手書きの偽造犯、国でさえ判別できない精巧な偽造から、ナチスによる英ポンド偽造作戦や近年の事件まで。元大蔵省印刷局の著者がその歴史を紐解く。

東方見聞録
マルコ・ポーロ
訳・解説／長澤和俊

ヴェネツィア人マルコは中国へ陸路で渡り、フビライ・ハーンの宮廷へと辿り着く。その冒険譚はコロンブスを突き動かし、大航海時代の原動力となった。現地を踏査した歴史家が、旅人の眼で訳し読み解く。

朝鮮半島史
姜在彦

大陸の動乱や諸外国の圧力に常に晒される半島的性格を持ちながら、２０００年の歴史を紡いできた朝鮮。建国神話から日本による「併合」まで、隣国の動向も踏まえてその歩みを網羅する、入門に最適の1冊。

角川ソフィア文庫ベストセラー

インド史
南アジアの歴史と文化

辛島　昇

インダス文明から始まり、カースト制度の成立や仏教の誕生、列強による植民地化、そして独立運動に至るまで、5000年にわたる悠久のインド史を南アジア研究の大家が描き出す。写真40点を掲載。

1冊で読む　世界の歴史

西村貞二

世界史はあっと驚く話、深い感銘を受ける話、ロマンティックな話、手に汗を握る話に満ちている。100のテーマを道標にして、古代から20世紀まで人類が紡いできた歴史を1冊に凝縮する。図版も多数収録。

アフリカの歴史

川田順造

人類誕生の舞台であり、民族移動や王朝の盛衰を経て、他者と共存するおおらかな知恵を蓄えたアフリカ大陸。現地調査を重ねた文化人類学者が、「世界史」の枠組みをも問い直す、文明論的スケールの通史。

戦車の歴史
理論と兵器

加登川幸太郎

戦場の「支配者」となるまで、試行錯誤と苦闘の歴史があった。戦車の誕生から、地上戦の主役となるまでの歴史を、イギリス・ドイツ・フランス・ソ連・日本の事情を交えながら解説する、軍事史の古典的名著。

シャルル・ドゥ・ゴール
自覚ある独裁

佐藤賢一

ドラマチックな逸話を持つ二〇世紀の大政治家。暗殺危機を乗り越え、フランス降伏の事態から自国を再生し、戦後はアメリカの保護を拒否。フランスの威信を内外に訴え続けた生涯を描く直木賞作家の本格評伝。

角川ソフィア文庫ベストセラー

君主論
マキアヴェッリ
大岩　誠＝訳

ルネサンス期、当時分裂していたイタリアを強力な独立国とするために大胆な理論を提言。その政治思想は「マキアヴェリズム」の語を生み、今なお政治とは何かを答え、ビジネスにも応用可能な社会人必読の書。

幸福論
B・ラッセル
堀　秀彦＝訳

数学者の論理的思考と哲学者の機知を兼ね備えたラッセル。第一部では不幸の原因分析と、思考のコントロールの必要性を説き、第二部では関心を外に向けバランス感覚を養うことで幸福になる術を提案する。

幸福論
ヒルティ
秋山英夫＝訳

「人の精神は、ひとたびこの仕事に打ちこむというほんとうの勤勉を知れば、絶えず働いてやまないものである」。すべての働く人に響く言葉の数々。仕事に行き詰まったとき、人生の転機に立ったときに。

ダライ・ラマ「死の謎」を説く
ダライ・ラマ
取材・構成／大谷幸三

チベットの精神的指導者ダライ・ラマ一四世が、輪廻転生の死生観を通してチベット仏教の考え方をわかりやすく説く入門書。非暴力で平和を願う、おおらかなダライ・ラマ自身の人柄を髣髴とさせる好著。

ダライ・ラマ般若心経を語る
ダライ・ラマ
取材・構成／大谷幸三

観音菩薩の化身、ダライ・ラマがみずから般若心経の価値と意味を語る！　空、カルマ（業）、輪廻、そして仏教の宇宙観、人間の生と死とは……日本人に最も愛される経典を理解し、仏教思想の真髄に迫る。